一个人的北京城

章可 绘著
杜翔 整理

北京燕山出版社

图书在版编目（CIP）数据

一个人的北京城 / 章可绘著; 杜翔整理 . —北京 : 北京燕山出版社 , 2023.11

ISBN 978-7-5402-7046-9

Ⅰ . ①一… Ⅱ . ①章…②杜… Ⅲ . ①古建筑—北京—图集 Ⅳ . ① K928.71-64

中国版本图书馆CIP数据核字 (2023) 第 175784 号

一个人的北京城

YIGEREN DE BEIJING CHENG

绘　著: **章　可**
整　理: **杜　翔**
责任编辑: **刘占凤 张金彪**
美术编辑: **张　蒴**
书籍设计: **芥子设计⊙黄晓飞**
出版发行: **北京燕山出版社有限公司**

社　址：北京市西城区椿树街道琉璃厂西街 20 号
邮　编：100052
电　话：010-65240430（总编室）
印　刷：北京富诚彩色印刷有限公司
开　本：787 mm × 1092 mm　1/16
字　数：350 千字
印　张：24

版　次：2023 年 11 月第 1 版
印　次：2023 年 11 月第 1 次印刷
定　价：128.00 元

著者简介

章可（1910—1986）

字受之。学者，画家，中央文史馆研究馆员。是章士钊、吴弱男夫妇的长子。章士钊是我国著名的爱国民主人士、学者、教育家、政治活动家。吴弱男是中国同盟会第一批女会员，中国妇女民主运动的先驱。

章可少年师从母亲的朋友、中国共产党早期重要领导者李大钊学习古典诗文和社会学。1928年章可赴英国留学，翌年转赴德国学习语言，1930年入柏林美术专科学校绘画系，专习西方油画，四年后学成毕业，即在德国进行美术创作，1935年入意大利罗马皇家美术学院绘画系深造。

1937年回到祖国。在北平、天津、香港、重庆、上海等地举办过个人画展，为救济湖南灾民举办过义卖。章可擅长风景、建筑、植物等题材的创作，绘画技法融合中西，有自己独特的绘画语言和风格。许多文化机构和收藏家收藏有他的作品，著名作家董桥先生撰有《章可画海棠》一文对其进行过专题介绍。

1948 年章可随父亲章士钊北上北平，参加新中国的建设。二十世纪五十年代初，章可应北京市政府文物组之邀请，义务参加北京地区古代建筑普查。其间他遍访古碑，曾经为北京图书馆作古碑分布情况的报告。他擅长绘画，留下了三百多张北京古建筑图片，部分图片有文字考据，十分珍贵。

1969 年章可与徐静馥女士结婚，膝下无子女。

1974 年章可受聘于中央文史馆，任研究馆员。

1986 年章可病逝。1988 年夫人徐静馥女士将章士钊、章可父子共同创作的 60 幅书画作品捐赠给北京卢沟桥历史文物修复委员会。这批绘画作品后入藏中国人民抗日战争纪念馆。

章可一生热爱古物收藏，是一位收藏家，收藏的文物和艺术品有《石门铭》《颜家庙碑》《爨宝子碑》《爨龙颜碑》《好大王碑》《石鼓文》《云峰山石刻》等珍贵拓本。其中最重要的收藏当属老师李大钊送给母亲吴弱男的照片和书信，为李大钊的研究提供了十分重要的历史资料。

编辑说明

一、本书结构上以类相从，分寺庙建筑、皇家建筑、其他建筑三篇；其下根据具体情况细分之，或按地点，或按建筑名称归类，如上篇依旧制，分内外城，城内再分东西；图文顺序一遵旧貌，不按其他方式重新梳理。

二、“章可先生考”中文前所列古籍出处，凡略写者，录文均以全称改写之，如“《宸垣》”录文改作“《宸垣识略》”；章可先生笔误处，如衍字而径改者；录文中错字、别字、漏字等凡加括注者一般不再另行加注说明。“章可先生考”中第一层引文一般不加引号进行区分。“整理者注”不严格遵循校勘、注释惯例加注，主要为普通读者提供补充性说明。

三、图题一般据章可先生自注；原无图题而新拟者，存疑处则加括注“疑似”二字；不明处径以“未确认”为题。凡有“章可先生考”者，一般在其旁附章可手写考据文字原件；文字原件中仅有图题者，一般不加“章可先生考”示之，原件亦不附。

四、章可先生遗稿中有十余幅零散的图片，未加整理，为尽量全面呈现稿件面貌，以附录形式置于下篇篇末。

五、因整理者、编辑者能力有限，限于条件，致使本书存在一些问题，敬祈各位读者、专家予以斧正。

传承者的话

中国古代哲人认为，“天”既可以理解为自然之天，也可以理解为主宰一切自然的上帝之天。本书的出版可以说是上天的安排。

其一，著作者做这件事之初始，没有付梓出版之意。他只是用心描绘了一组组北京古代建筑的图片，是想为北京这座古老都城的保护做点什么，可惜这些图片在他生前未能发挥作用。著作者用了长达十年时间做这件事，理由只有一个，因为他是一位画家，热爱生活，热爱北京，是视绘画为生命的人。其二，这组图片历尽劫波完整地保存下来，在历史的某个时间节点，有幸遇到了一位有文化自觉的传承者，他认为这组图片很重要，应该进行整理、出版，留给北京，留给世界。由此，传承者接受了著作者家属的委托，为图片的出版做了长时间的诸多努力。此时，距图片的创作已经过去了50年时间，距著作者逝世也有20年了。传承者委托北京文博界的专家学者穷数年时间，从纷乱的故纸堆中将全部张图片一一进行辨识，逐张核对相关史料，理出文化脉络，构成了本书的基本编辑框架。在不违背著作者原意的基础上，使书籍有可视性、可读性，达到形式与内容的完美统一。其三，本书的问世更有赖于这个时代。今天，在习近平新时代中国特色社会主义思想指引下，国家对北京历史文化名城的保护，中轴线申遗的重视，给予了这部书出版的最好契机。故此，著作者、传承者、整理者、出版者、读者都应该感谢今天，我们这个伟大的时代。

本书的出版是对著作者的纪念。最后，要特别感谢著作者的夫人徐静馥女士对我的信任。

魏三钢

2022年初冬于西山

目录

二

内城东部

三

外城西部

中篇·皇家建筑

一

天坛组图

二

北海组图

三

颐和园组图

下篇·其他建筑

一个人的北京城

上篇

寺庙建筑

千佛庵

章可先生考

千佛庵，黑塔寺十号。

山门额题：古刹千佛庵，顺治癸巳年季春吉旦重修。

乾隆丁未年仲夏吉日重修。

整理者注

① 顺治癸巳年即公元1653年（即顺治十年）。乾隆丁未年即公元1787年（即乾隆五十二年）。

② 西直门内大街以北的黑塔寺，原称万佛寺，亦称观音庵。据载，寺址在今黑塔胡同西口大丰胡同路西。黑塔寺之称《日下旧闻考》亦感到惶惑："寺无塔，亦无碑碣可考。不知何以沿其称也。"今无存。

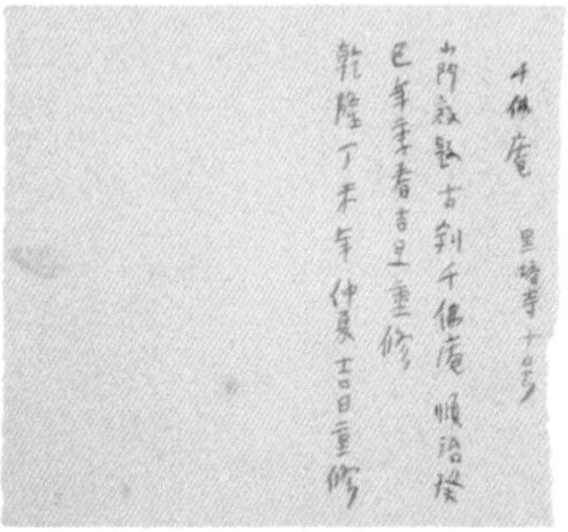

万福禅林

创作于

1953 年 9 月 24 日

章可先生考

万福禅林，北草厂四十八号。

《宸垣识略》：万佛寺俗呼黑塔寺，在北草厂黑塔寺胡同，有明崇祯间碑一，又本朝康熙间碑一。

盖为明刹，道光年颓圮，僧圣倍募化修建，改名万福寺。

整理者注

北草厂胡同在西城区西直门内大街路北，旧址在今北草厂街路东如意里小区内。

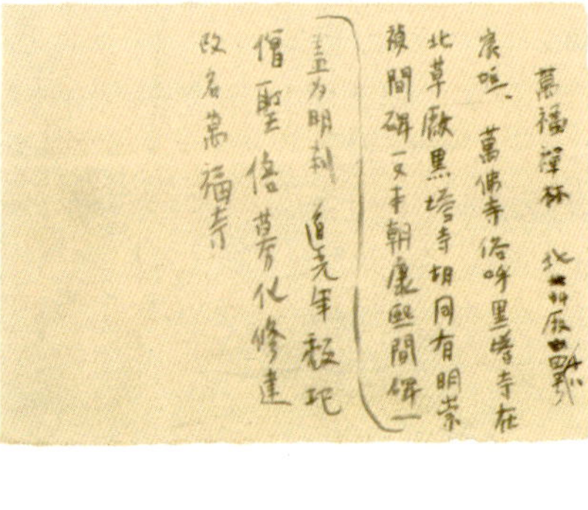

五圣庙

创作于

1953 年 9 月 8 日

整理者注

观图似应为道观，地在新街口北大街旧门牌 34 号。该庙始建于明代，清乾隆十八年（1753 年）重修。今该地原建筑无存，早已变为民居。

汇通祠

创作于

1950年6月8日

章可先生考

积水潭上有镇水观音庵，明永乐建，乾隆二十六年改建，赐名汇通祠，有御制诗碑暨御书额。

整理者注

① 乾隆二十六年即公元1761年。

② 汇通祠，位于今德胜门西大街什刹海西海西北小岛上，明永乐年间姚广孝建，初名法华寺，又称镇水观音庵，于清乾隆二十六年（1761年）重修，改名为汇通祠。二十世纪七十年代被拆除，1986年重建，两年后竣工。今乾隆御制诗碑尚存，祠后院辟为郭守敬纪念馆。

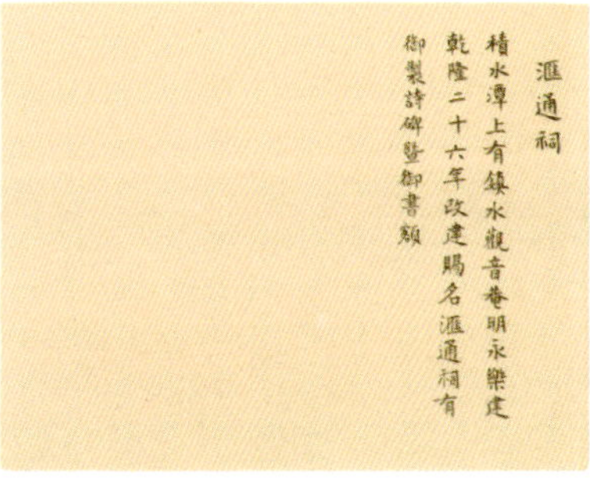

NO-005

三官庙

创作于

1951 年 2 月 4 日

章可先生考

三官庙，西海北河沿，在积水潭太平庵之东，有碑，额题：万古长春，刘延年书并篆额，民国十三年正月。

民国十二年，女僧通立建，本为其私庙，通又受拈花寺僧全郎剃度，后舍寺为拈花寺下院。

整理者注

① 三官庙在今西城区德胜门内西海北沿，始建于清，民国年间重修。三官庙也叫三元庙，一般建于水边。三官即天官、地官、水官，也就是上元一品九气天官——赐福紫微大帝，为人赐福；中元二品七气地官——赦罪清虚大帝，为人减罪；下元三品五气水官——解厄洞阴大帝，为人消灾。他们的生日分别为上元正月十五日、中元七月十五日、下元十月十五日。中国上古就有祭天、祭地和祭水的礼仪。历代帝王对三官都非常崇敬，并有一些禁忌。唐代规定在三元大帝诞辰的三元节，禁杀生、渔猎三天。到了宋代，还规定在三元节禁止对死囚犯人的审讯和处决。三官庙现为西城区文物保护单位，基本格局保持原状，现为民居。

② 民国十二年即公元 1923 年，十三年即公元 1924 年。

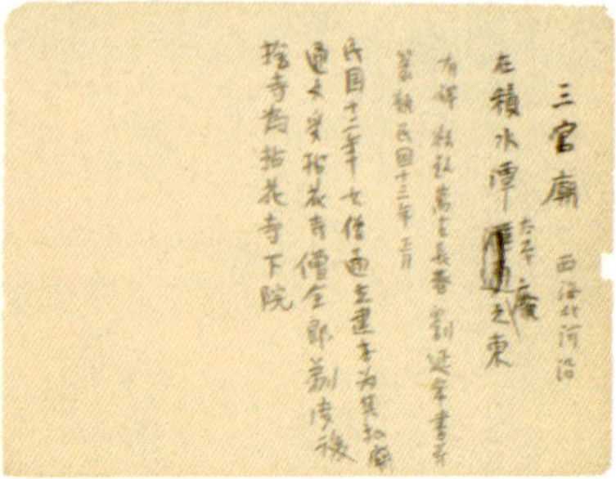
三官廟 西海北河沿
在積水潭太平庵之東
有碑 額題萬古長春 劉延年書并
篆額 民國十三年正月
民國十二年女僧通立建本為其私廟
通又受拈花寺僧全郎剃度後
捨寺為拈花寺下院

NO-006

太平庵

创作于

1953 年 9 月 12 日

整理者注

太平庵，故址在西城区德胜门西顺城街 60 号，原门牌西水关 5 号。

清人吴长元《宸垣识略》载：德胜门西不半里，有一道庵，为王聚洲在工垣时建，称“滇省香火院”。相传草创经始，直堑塘回，掘出石勒“太平庵”三字，因以为名。

经查，太平庵建于嘉靖十年（1531 年），万历、崇祯及清康熙年间均重修。《顺天府志》《畿辅通志》《宸垣识略》《燕都丛考》等书中均有载。民国二十七年（1938 年）又重修，民国三十年（1941 年）原北京政府大理院院长余棨昌（1882—1949 年）在太平庵旧址修建“余氏宗祠”，今无。

内城西部

NO-005

NO-006

NO-007

净业寺

创作于

1950 年 5 月 19 日

章可先生考

净业寺，从德胜门西，循城下行，径转得此寺，昔为智光寺之基。寺东有轩二楹可坐，寺前旧作厂棚，列席浮尊，宴饮殊适，今废矣。湖上有鱼藕监。

右《日下旧闻》录《燕都游览志》，《宸垣识略》谓“寺内有宣德六年钟一。”

明朱国祚《宿净业寺》诗：僧楼佛火漾空潭，德胜桥西积水含。一夜朔风吹树杪，蓟门飞雨遍城南。

钟惺《集净业寺》诗：如此匆匆际，禅栖肯再来。曾无三日隔，又见数花开。童负桃笙至，僧笼菜甲回。出门拚一宿，无复候人催。

清朱彝尊《净业寺看荷花》诗：香刹缘堤转，官桥信水流。绿云千万顷，不见采莲舟。

高士奇《净业寺看荷》诗：僧舍无人满绿苔，新荷一顷雨中开。寺前多少冲泥客，谁为看花趁晓来。

整理者注

① 净业寺其故址在西城区德胜门内西顺城街，是一座汉传佛教寺院，建于明嘉靖三十七年（1558 年），由内官监太监袁亨、司礼监太监妙福捐资修建，额曰智光寺，清重修后改名为净业寺至今。今什刹海西海因与寺相近，明、清两代多称之为净业湖。寺坐北朝南，中轴线上依次有山门、前殿、东西配殿、后殿、西配楼。现仅存西配楼及前殿。

② 明宣德六年即公元 1431 年。

③ 净业寺现为西城区文物保护单位。

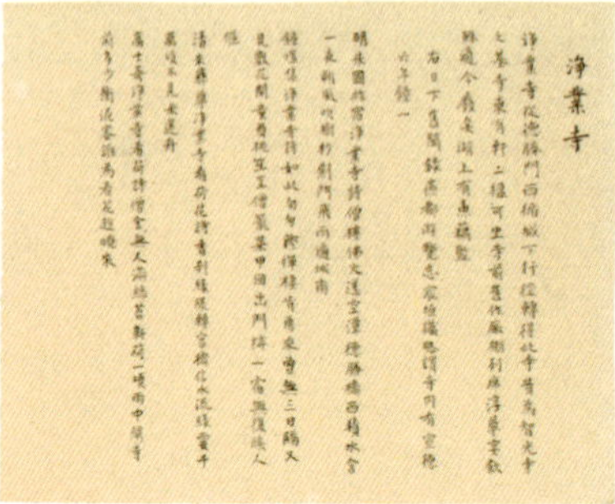

NO-008

玉皇庙

创作于

1953 年 9 月 8 日

章可先生考

玉皇庙，德胜门内铁香炉。

有一鼎，已破为三段，镌有诸善士姓名，而年号不显。

整理者注

玉皇庙故址在今德胜门内大街西侧铁炉胡同 7 号，铁炉胡同即原铁香炉，位于德胜门内西侧，新街口东街北侧，胡同南口有棵古槐。也叫铁香炉胡同，因胡同内有个玉皇庙的古刹，寺前有座 6 尺高的铁香炉，而得此称。1965 年改名铁炉胡同。玉皇庙其建筑早已荡然无存，其鼎在二十世纪五十年代尚在，后不知去向。

NO-007

NO-008

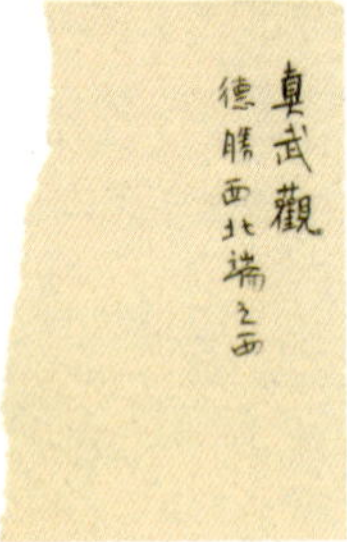

真武观

创作于

1953年9月24日

章可先生考

真武观，德胜西北端之西。

整理者注

德胜门内有“一桥二庙”，一桥为德胜桥，横跨于后海与西海间河道上，桥东为永泉庵，桥西为真武观，故址在今德胜门内西海东沿11号，德胜桥西北方，真武观供奉着真武大帝（即玄武大帝），为道教所奉的北方之神，真武观坐北朝南，殿房17间，基本保持原建筑格局，今为民居，只存山门及前殿，为西城区文物保护暂保单位。原庙内清乾隆五十四年（1789年）《重建真武庙碑》已佚失，国家图书馆藏有其拓片“兹因德胜门大街德胜桥玄帝庙，自建年远在唐以前，真（贞）观年间尉迟公监造重修”，“至大明永乐年间又复重修，及至我（清）朝，世代久远，庙貌荒残，乾隆三十八年五月，道士清安同徒一成，发愿昼夜跪诵皇经，百日之工，上帝有感，众善倡议捐资，共成盛事，庙貌巍巍……”乾隆五十四年工峻，该碑由“本庙主持本郡全真王清安徒弟张一成全固安邑庠生王廷谟书题”，碑于“大清乾隆五十四年岁次己酉月二日吉旦立”。后重修，渐败落为民居。如今居民已全部搬出，重修在即。

永泉寺

创作于

1953年9月9日

章可先生考

永泉庵，内五区德胜门内大街。

在德胜桥北端之东，俗讹为永泉寺，香火久绝，化为民居。正门杜塞，其前每晨有菜市，出入由右旁门。

《宸垣识略》：永泉庵在德胜桥东，有本朝康熙间大学士张玉书碑。

整理者注

永泉寺，又称永泉庵，在德胜门内大街德胜桥东后海北沿15号，始建于明成化年间，清康熙四十四年（1705年）重修，有康熙四十四年重修石碑一通，为时文华殿大学士张玉书所撰。庵寺坐北朝南，山门三间，上刻“重修永泉禅林”，前有古井一眼。正殿供奉三世佛，亦曾供过武神关老爷，有铜泥木像二十尊，铜钟一口，共有殿房二十六间。今为西城区文物保护单位。

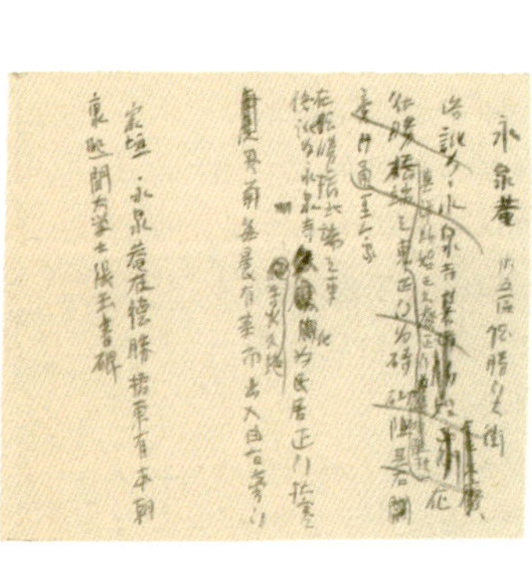

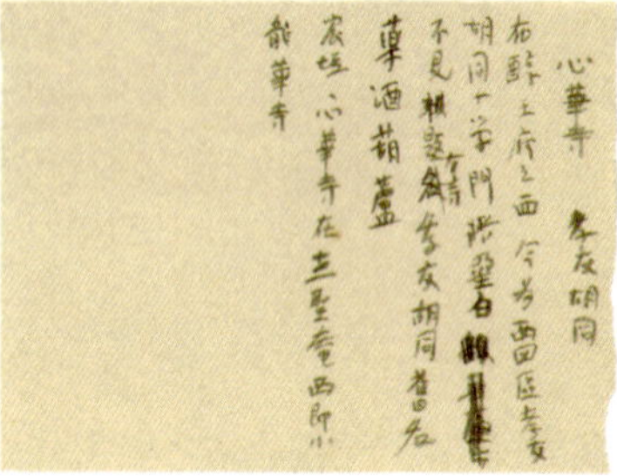

心华寺

创作于

1953 年 9 月 8 日

章可先生考

心华寺，孝友胡同。

在醇王府之西，今为西四区孝友胡同小学，门墙垩白，不见题有寺名。

孝友胡同旧名药酒葫芦。

《宸垣识略》：心华寺在三圣庵西，即小龙华寺。

拈花寺

创作于

1953 年 9 月 3 日

整理者注

拈花寺故址在旧鼓楼大街路西大石桥胡同 61 号，明万历九年（1581 年），司礼太监冯保秉皇太后命创建，因内有明代所铸的古铜佛“毗卢世尊莲花宝千佛”，在佛座周围的千朵莲花上有千佛旋绕，千佛大小一样，高 4 寸左右，故名护国报恩千佛寺。清雍正十二年（1734 年）敕修，赐名“拈花寺”。寺坐北朝南，占地面积约 6000 平方米，房屋 184 间，分三路，各五进院落。“敕建拈花寺”石门额仍存，格局基本保存完好，1926 年在内律堂曾开办拈花寺小学。中华人民共和国成立后为中国人民大学印刷厂所占用。2009 年 12 月 12 日，藏经楼配楼失火。2013 年前后中国人民大学印刷厂腾退。拈花寺现为西城区文物保护单位。

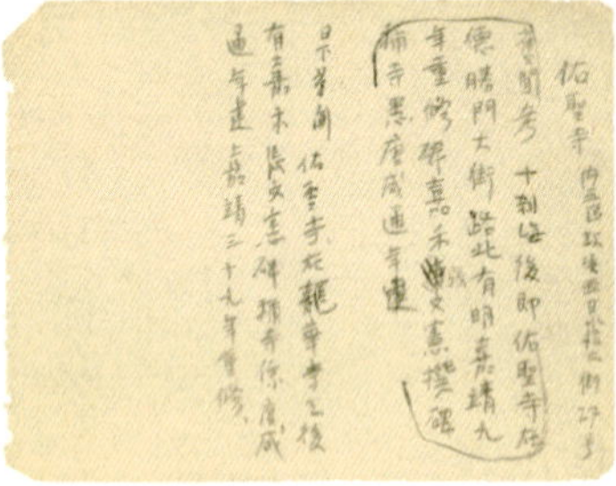

佑圣寺

创作于

1953 年 9 月 5 日

章可先生考

佑圣寺，内五区鼓楼西甘水桥大街 27 号。

《日下旧闻考》：十刹海后即佑圣寺，在德胜门大街路北。有明嘉靖九年重修碑，嘉禾张文宪撰碑，称寺悉唐咸通年建。

《日下旧闻考》：佑圣寺在龙华寺之后，有嘉禾张文宪碑，称寺系唐咸通年建，嘉靖三十九年重修。

整理者注

① 《日下旧闻考》文引自《燕都丛考》，故而有“嘉靖九年”或“嘉靖三十九年”之异，应为“嘉靖三十九年”，明嘉靖三十九年即公元 1560 年。

② “称寺悉唐咸通年建”应为“称寺系唐咸通年建”。

③ 佑圣寺又称佑圣禅林，故址在鼓楼西大街 141 号，始建于唐咸通年间，司礼监太监中轩李公于嘉靖年间重修，重修之后的佑圣寺规模宏大，有伽蓝、祖师之设，并在城北谢家营置香火田二倾。康熙十二年（1673 年）《重修佑圣禅林十方碑记》记载，康熙六年（1667 年）中海万善殿的正住持纯素大和尚抱病，需卜地静摄，遂兴此废寺，佑圣寺也有了皇家背景。1947 年时改名为“佑圣寺”。佑圣寺现地址为鼓楼西大街 131 号，已沦为民居。2013 年被定为西城区文物普查登记文物。

瑞应寺

创作于

1950 年 3 月 9 日

章可先生考

瑞应寺，内五区甘子桥胡同六号，今为西四区甘水桥小学校。

整理者注

① 甘子桥胡同，“子”应为“水”字之误。

② 瑞应寺，又名龙华寺、小龙华寺、大藏龙华寺，故址当在今西城区鼓楼西大街 152 号，明成化三年（1467 年）万氏家族（万贵）在元代废刹建龙华寺址上出资重建，万历三十二年（1604 年）重修，清朝顺治十三年（1656 年）重修，康熙五十二年（1713 年）奉旨改名瑞应寺，道光年间曾改名心华寺，为拈花寺的下院。目前为西城区普查登记在册文物，仅存寺西北角北房三间，西房一间。“敕赐瑞应寺”匾额现存首都博物馆，康熙御制诗碑现存北京石刻艺术博物馆。

NO-015

广化寺

创作于

1951 年 2 月 1 日

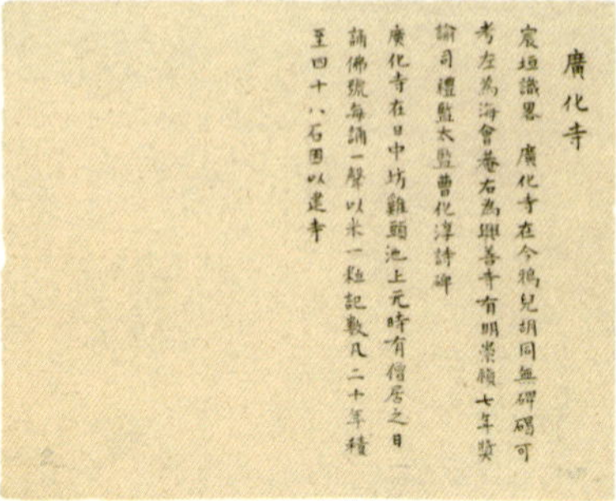
廣化寺

宸垣識畧　廣化寺在今鴉兒胡同無碑碣可考左為海會菴右為興善寺有明崇禎七年奬諭司禮監太監曹化淳詩碑

廣化寺在日中坊雞頭池上元時有僧居之日誦佛號每誦一聲以米一粒記數凡二十年積至四十八石因以建寺

章可先生考

《宸垣识略》：广化寺在今鸦儿胡同，无碑碣可考。左为海会庵，右为兴善寺，有明崇祯七年奖谕司礼监太监曹化淳诗碑。

广化寺在日中坊鸡头池上。元时有僧居之，日诵佛号，每诵一声，以米一粒记数，凡二十年，积至四十八石，因以建寺。

整理者注

① 广化寺在今西城区鼓楼西大街南侧鸦儿胡同 31 号，创建于元代。宣统元年（1909 年）年在此筹建京师图书馆，1912 年 8 月广化寺对外开放。现为北京市佛教协会所在地，北京佛教音乐团所在地。1984 年 5 月 24 日，广化寺被列为北京市第三批文物保护单位。

② 明崇祯七年即公元 1634 年。

NO-016

广化寺天王殿

创作于

1951 年 2 月 3 日

内城西部

NO-015

NO-016

北药王庙（一）

创作于
1953年9月1日

整理者注
北药王庙故址在旧鼓楼大街北端西绦胡同东口，始建于明朝嘉靖年间，庙坐北朝南，庙东有大觉寺、娘娘庙等古刹，庙的规模不大，只有山门和正殿，庙内原有清顺治年间大学士洪承畴书写的石碑两通。清顺治八年（1651年）时曾重修。

每年农历四月二十八日药王圣诞时，这里依然有小规模的的庙会，庙会上小贩卖的大多是一些日用品和妇女用品。到了民国年间北药王庙基本已废弃，庙内建筑多数已经坍塌。中华人民共和国成立后北药王庙为民居。二十世纪五十年代中，旧鼓楼大街北口城墙开豁口时拆毁。

北药王庙（二）

创作于

1953 年 8 月 23 日

铁佛寺

创作于

1953 年 9 月 5 日

章可先生考

铁佛寺，旧鼓楼大街五十一号。

整理者注

铁佛寺故址在旧鼓楼大街路东 56 号（新门牌），大小石桥胡同附近。铁佛寺当建于清咸丰年间。民国年间，铁佛寺与新开路 19 号的伏魔庵同为大石桥胡同拈花寺下院。1945 年抗战胜利，拈花寺住持全朗因汉奸罪，被判刑两年半，铁佛寺管理权因此转移。1952 年后，庙房被房管局接管，成为民居院落。2004 年铁佛寺被佛教协会收回并加以整饬。后因旧鼓楼大街东侧扩建马路，铁佛寺不见踪迹。

福德庵

创作于

1949 年 11 月 29 日

整理者注

① 查《加摹乾隆京城全图》，福德庵总计有十一个，此福德庵故址当在内城北新桥至交道口一带。

② 福德庵，位于鼓楼西大街 1 号，2013 年 1 月被西城区文化委员会定为北京市西城区普查登记在册文物，编号：110102943180000209，从福德庵遗址出土的三面雕石供桌现存北京石刻艺术博物馆。

NO-021

广福观

创作于

1953 年

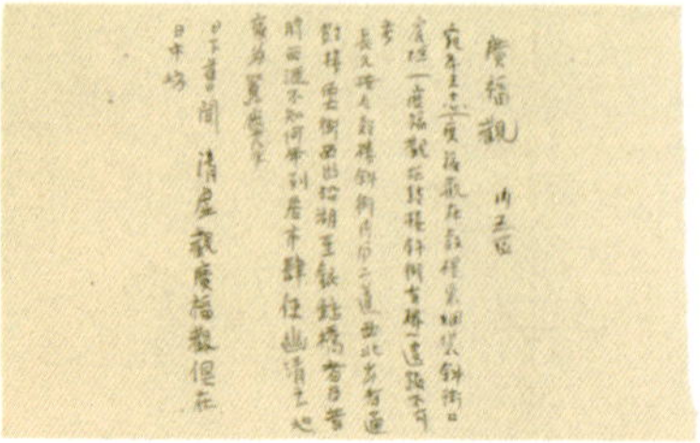

章可先生考

广福观，内五区。

《宛平王志》：广福观在鼓楼东烟袋斜街口。

《宸垣识略》：广福观在鼓楼斜街，有碑一，遗迹不可考。

长元按：今鼓楼斜街内分二道，西北出者通鼓楼西大街；西出沿湖至银锭桥者，乃昔时西涯。不知何年列居市肆，使幽清之地变为嚣尘矣。

《日下旧闻考》：清虚观、广福观俱在日中坊。

整理者注

① 《宛平王志》载广福观“在鼓楼东”应为“在鼓楼南”。

② 广福观故址在今地安门外大街西侧烟袋斜街路北，大石碑胡同 6、8 号。建于明天顺三年（1459 年），名广福观，明代管理天下道教的“道录司”曾设于此观。清雍正年间重修，曾改“孚佑宫”，民国后又恢复广福观名。观坐北朝南，依次有山门、前殿、后殿及西跨院（名白云仙院）。今为西城区文物保护单位。

NO-022

地藏庵

创作于

1953 年 11 月 10 日

章可先生考

地藏庵，西直门地藏庵七号。

整理者注

地藏庵是用来供奉地藏菩萨的庙宇，地藏是佛教中掌管阴间的菩萨，久为人们所信仰。其故址在西直门内大街南侧地藏庵胡同，1965 年后改称地昌胡同，地藏庵今已拆除。

NO-021

NO-022

敕赐观音禅寺

创作于

1954 年 3 月 21 日

章可先生考

敕赐观音禅寺，内四区东观音寺八号。

整理者注

敕赐观音禅寺其具体建置无考，东观音寺胡同位于西直门内赵登禹路西侧，明朝时因胡同里有座观音寺，故得名观音寺胡同。清代，为了与位于西南方向国英胡同里的观音寺区别开，所以才叫东观音寺胡同。1965 年改称东冠英胡同。现在胡同里已经看不到东观音寺的任何痕迹，据说东冠英胡同 15 号是原来的寺庙旧址。东冠英胡同今已不复存在，成为居民小区。

敕封三界伏魔关帝庙

创作于

1953 年 9 月 21 日

章可先生考

敕封三界伏魔关帝庙，内四区小乘巷二号。

有同治十三年碑，后殿悬钟，上题：乾隆三十九年岁次甲戌冬季月吉旦信士弟子马应瑞发心诚造。

正殿有匾题：圣恩慈佑，光绪戊子六月榖旦献信士弟子恒星敬立。

整理者注

① 清同治十三年即公元 1874 年。清乾隆三十九年即公元 1774 年，另“乾隆三十九年岁次甲戌”一句有误，应为“乾隆三十九年岁次甲午”。清光绪戊子年即公元 1888 年。

② 小乘巷在今西城区西直门内南草厂街路东，现该庙已无存。

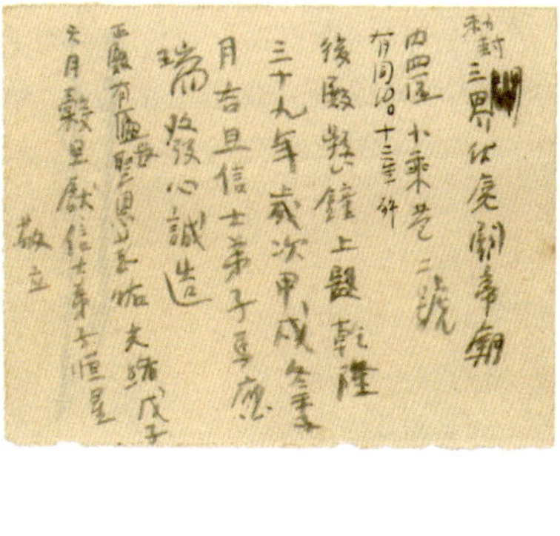

普安寺

创作于

1955 年 10 月 20 日

整理者注

普安寺故址在今赵登禹路育教胡同 27 号（原翊教寺胡同 10 号），今无存。该胡同原名翊教寺胡同，因寺而得名，现已并入平安里西大街。普安寺为明万历年建，寺坐北朝南，属于私建庙宇建筑，寺中原有石碑四通，现存北京石刻艺术博物馆。寺现为民居，2013 年列为北京市西城区普查登记在册文物。普安寺《北京西城文物史迹》中有载。

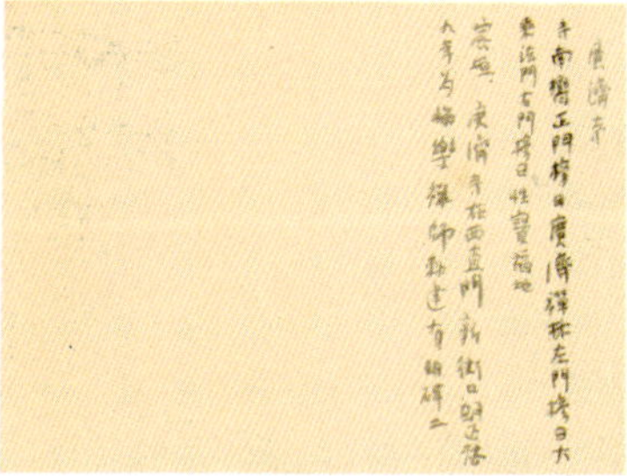

广济寺

创作于

1953 年 9 月 28 日

章可先生考

寺南向，正门榜曰：广济禅林；左门榜曰：大乘法门；右门榜曰：性宝福地。

《宸垣识略》：广济寺在西直门新街口，明正德九年为梅乐禅师敕建，有明碑二。

整理者注

① 明正德九年即公元 1514 年。

② 广济寺称北广济寺，故址在西直门内大街新街口西路北（今为街心公园），明正德年间募建而成。此寺与西四路口的弘慈广济寺同名，但影响力远不如弘慈广济寺。该寺面积约四亩，共有殿堂、配房共 58 间，有各种佛像几十尊，其中所供释迦佛及十八罗汉为泥木质，均为脱沙镂金，雕刻十分精美。上世纪五十年代，北广济寺逐渐荒废，寺中有一名僧人将庙宇借于普济佛学会办普仁小学。五十年代中期先后拆除房舍，重建学校教室，后小学迁出，北广济寺因破旧而被彻底拆除。1959 年 3 月，北京市文化局文物调查研究组同意拆除新街口北广济寺大殿内十八罗汉泥塑。

古刹朝阳观音禅寺

创作于

1953 年 9 月 21 日

章可先生考

古刹朝阳观音禅寺，大帽胡同十八号。

《宛平王志》：大、小帽儿胡同有威灵庙。

整理者注

大帽胡同位于北京市新街口南大街路西，今已成为民居。

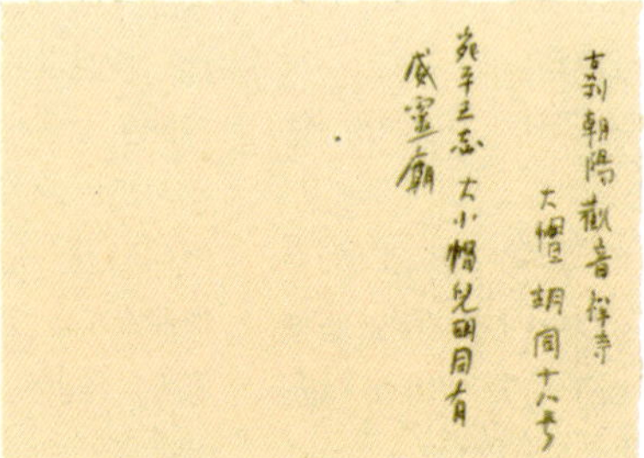

三界伏魔大帝庙　五圣神祠

创作于

1953 年 9 月 21 日

章可先生考

左三界伏魔大帝庙。

北帽儿胡同九号。

右五圣神祠。

大帝庙中殿之前左侧有同治九年碑，后檐下悬钟，为同治九年铸造者，殿右一碑，字甚残缺，有句云：嘉靖戊午仲秋供用库掌外厂官杨公寅逌捐资画地为庙，碑阴列尚衣监内官监外厩掌厂官姓名，亦半残缺，此碑之右有万历三十年重修关天庙记。

整理者注

① 明嘉靖戊午即公元 1558 年。万历三十年即公元 1602 年。清同治九年即公元 1870 年。

② 北帽儿胡同应为北帽胡同，在今西城区新街口南大街路西，大帝庙即关帝庙，故址在北帽胡同 15 号，俗称北帽胡同关帝庙，不知建于何时，2013 年被列为北京市普查登记文物。今已成大杂院。

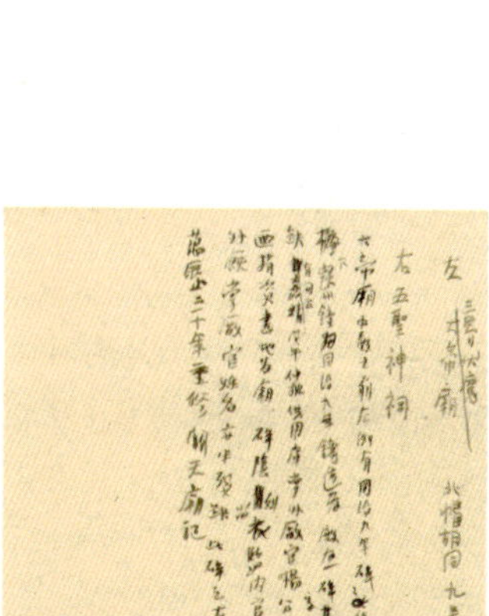

NO-029

五圣神祠

创作于

1953年9月28日

整理者注

旧址在新街口南大街路西北帽胡同南口西侧。

NO-030

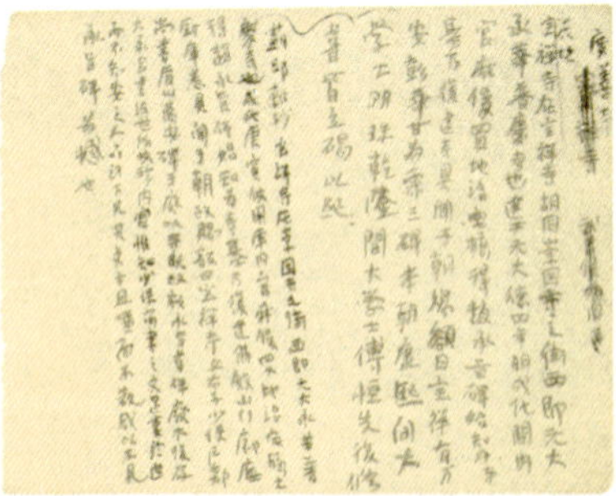

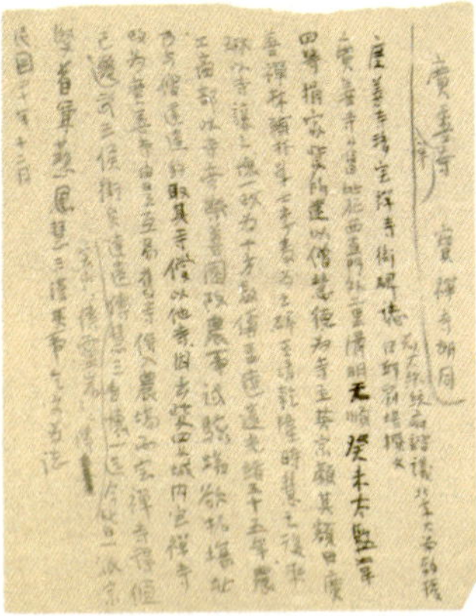

广善寺

创作于

1953年8月27日

章可先生考

广善禅寺，宝禅寺胡同。

广善寺移宝禅寺街碑志（前大总统府咨议，北京大学教授任丘刘培撰文）：广善寺旧址在西直门外二里沟，明天顺癸未，太监韦四等捐家赀所建，以僧慧德为寺主，英宗颜其额曰广善禅林，翰林学士李泰为之碑。至清乾隆时，慧之后来琳以寺让之，怀一改为十方，数传至达远。光绪三十五年，农工商部以寺旁乐善园改农事试验场，欲拓场址，乃与僧达远约，取其寺偿以他寺，因出赀买城内宝禅寺改为广善寺，由是互易，旧寺并入农场，而宝禅寺得值已迁武王侯街矣。达远传宝山，宝山传灵岩，灵岩传慧三，自怀一迄今皆一派宗贤，首兼慈恩，慧三谨其事，乞文为志。民国二十年十二月。

《宸垣识略》：宝禅寺，在宝禅寺胡同崇国寺之街西，即元大承华普庆寺也，建于元大德四年。明成化间，内官麻俊买地治宅，掘得赵承旨碑，始知为寺基，乃复建寺，具闻于朝，赐额曰宝禅，有万安、彭华、甘为霖三碑。本朝康熙间大学士明珠、乾隆间大学士傅恒，先后修葺，皆立碣以纪。

《蓟邱杂抄》：宝禅寺在崇国寺之街西，即元大承普庆寺也。成化庚寅，供用库内官麻俊买地治宅，掘土得赵承旨碑，始知为寺基。乃复建佛殿，山门廊庑厨库悉具，闻于朝，改赐额曰宝禅寺，立太子少保户部尚书眉山万安碑于庭。以寺既改额，承旨旧碑废不复存。夫承旨书法，世所共珍，内官惟知少保尚书之文足重于世，而不知安之人品污下，见其文方且唾而不观，咸以不见承旨碑为憾也。

整理者注

① 元大德四年即公元1300年。

明成化庚寅即公元1470年，即成化六年；天顺癸未即公元1463年，即天顺七年。

无光绪三十五年，应为宣统元年即公元1909年。

民国二十年即公元1931年。

② 广善寺故址在今西城区新街口南大街西侧宝产胡同，宝产胡同即原宝禅寺街。宝禅寺是元代的产物，最初盖在宝禅寺胡同，也就是现在的宝产胡同。据清《顺天府志》记载，当年的宝禅寺是在元代的普庆寺的基础上建造的，光是僧舍就多达四百间，光绪三十三年（1907年），原本在北京动物园的广善寺看上了宝产胡同这块地段，挤走了宝禅寺，于是宝禅寺拿着一笔搬迁补偿款本着就近原则，搬到了当年五王侯胡同的长寿庵里，也就是今天的西四北八条37号院。新中国成立之后，这里改造成了民居，直至今日。而“宝禅寺胡同”这个名字它没有带过来，留在了原处。

内城西部

NO-029

NO-030

万善寺

创作于

1953 年 8 月 26 日

章可先生考

万善寺，正觉寺胡同。

门额书：甲戌仲秋，弘戒比丘监修，住持宗向募化重修。

地高几及窗，由于尘秽久积。门窗雕花朴厚，似为元时所建，甲戌年为至元或元统二年。

整理者注

甲戌为元代元统二年，即公元 1334 年，万善寺故址在西城区新街口东街正觉夹道甲 1 号，2013 年万善寺被西城区文化委员会定为北京市西城区第三批登记在册不可移动文物。

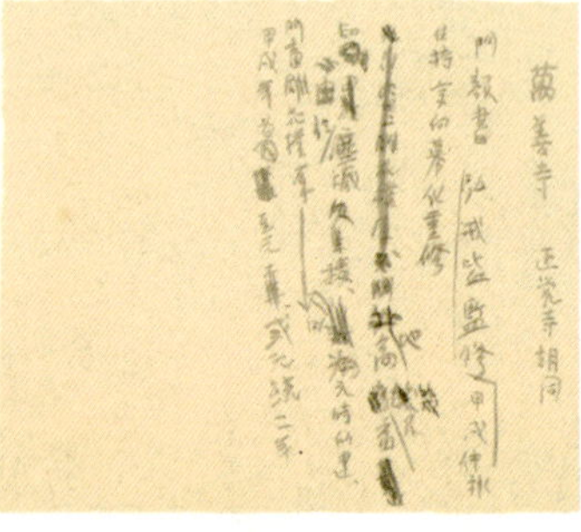

正觉寺（一）

创作于

1950 年 8 月 22 日

章可先生考

正觉寺，内四区正觉寺胡同五号。

《宸垣识略》：正觉寺在发祥坊正觉寺胡同，明成化间，内监韩谅赐宅施舍建寺，奏闻，赐额“正觉禅林（寺）”，有明碑二。

整理者注

明成化三年（1467 年）建正觉寺，由御马监太监韩谅捐宅，郑道明创建。寺坐北朝南，共有殿房 59 间，中轴线依次为：山门、天王殿、大雄宝殿、接引殿。明成化《敕赐正觉禅寺碑记碑》仍存，尚有“佛祖”刻石一块，寺曾于清嘉庆年间及民国十九年（1930 年）重修。现原建筑基本保存，各殿原有佛像均被拆除。旧址今为西城区新街口南大街正觉寺胡同甲 9 号，为西城区文物保护单位。

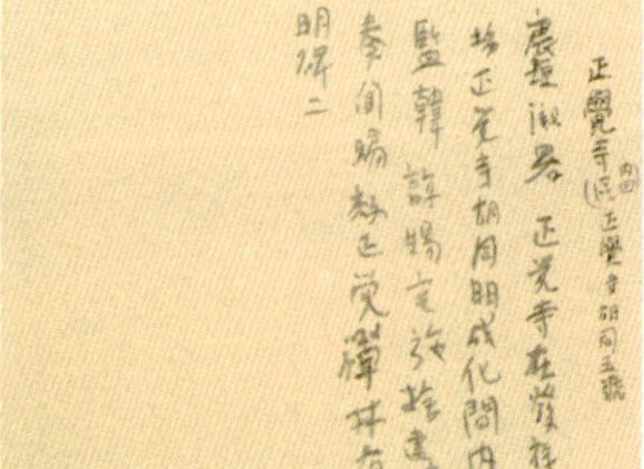
正覺寺（內四區）正覺寺胡同五號
宸垣識略 正覺寺在發祥坊正覺寺胡同明成化間內監韓諒賜宅施捨建寺奏聞賜額正覺禪林有明碑二

正觉寺（二）

毗卢寺

创作于

1953 年 11 月 12 日

章可先生考

毗卢寺，内四区棉花胡同 42 号。

门东向，有匾题：光绪十七年六月穀旦翰林院检讨蒋式芬。

由东巷胡同北口望寺，如图。

整理者注

① 章可先生谓毗卢寺在棉花胡同 42 号，为旧门牌，毗卢寺故址在今护国寺街北侧棉花胡同路东，清代寺庙，2013 年列为北京市西城区普查登记文物。

② 清光绪十七年为公元 1891 年。

③ “由东巷胡同北口望寺”指由护国寺东巷胡同北口望寺。

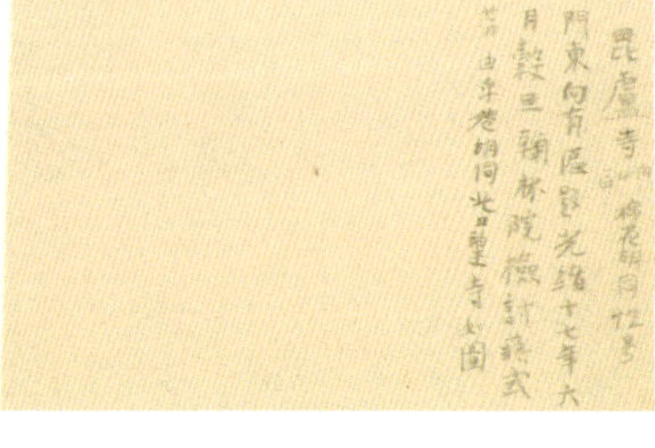

NO-035

大隆善护国寺（一）

创作于

1953 年 8 月 19 日

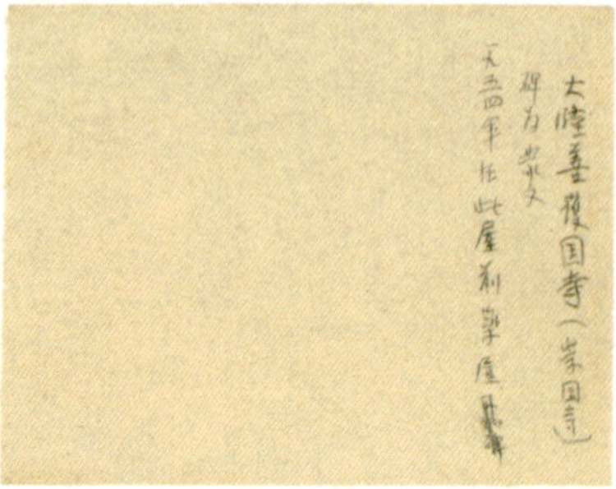

章可先生考

大隆善护国寺（崇国寺），碑为蒙文。一九五四年在此屋前筑屋。

整理者注

大隆善护国寺，又称崇国寺，故址在今新街口南大街路东护国寺街 11 号，原为元丞相托克托官邸，《宸垣识略》诸书有载。寺始建于元至元二十一年（1284 年），时名大崇国寺，元故有南北二崇国寺，此即北寺，皇庆年间修之，延佑年间修之，至正年间又修之。明宣德己酉年（宣德四年，即公元 1429 年），赐名隆善，称大隆善寺。成化壬辰年（成化八年，即公元 1472 年），加护国名，称大隆善护国寺。正德壬申年（正德七年，即公元 1512 年），敕西番大庆法王领占班丹、大觉法王着肖藏卜等居此，寺则大作。该寺规模宏大，前后有九进院落，中殿三，旁殿八，最后景命殿。殿傍塔二，曰佛舍利塔。成化七年敕碑二，正德七年敕碑二，梵字碑二。其金刚殿今为北京市文物保护单位。清康熙六十一年 (1722 年) 曾对寺庙大加修缮，名护国寺，又称西寺，与东寺隆福寺相呼应。旧庙损坏严重，1957 年寺被拆除，仅保留金刚殿。1984 年 5 月 24 日被定为北京市第三批文物保护单位。

NO-036

大隆善护国寺（二）

创作于

1953 年 10 月 12 日

整理者注

护国寺位于今西城区新街口南大街东侧护国寺街 85 号。元至元年间（1264—1394 年）丞相托克托修建，初名崇国寺。明代曾称大隆善寺、大隆善护国寺。清康熙六十一年（1722 年）改称护国寺至今。清末每逢旧历每月七、八日有六天庙会，民国时期改为公历七、八日延续之，这个习俗一直延续至 1960 年截止。

图为民国时期护国寺庙会一角。

NO. 035

NO. 036

梵香寺

创作于

1953 年 10 月 12 日

章可先生考

梵香寺，麻状元胡同。《天咫偶闻》：马状元胡同顺治中满州（洲）状元马中骧所居。

整理者注

① 麻状元胡同在新街口南大街护国寺街迤南。《京师坊巷志稿》作马状元胡同。清初不许满洲子弟参加廷试，顺治九年始准与汉籍考生分榜应试。当年满榜状元为麻勒吉，后改马中骧，其宅在此，时人呼为状元街，中华人民共和国成立后改称群力胡同，梵香寺故址在胡同中部路北。

② 此寺建于清雍正年间，佛教密宗寺院，今已不复存在。

丰泰庵

创作于
1950 年 6 月 29 日

整理者注

丰泰庵故址在地安门外什刹海李广桥东街，今后海南沿 26 号，丰泰庵始建于清乾隆九年（1744 年），庵坐南朝北，前临什刹海后海，一层殿，采用四合院布局。山门 3 间，通面阔 8.5 米，通进深 6.2 米，石券门。正殿 3 间，前带廊，通面阔 10 米，通进深 8 米，配殿东西各 3 间，通面阔 10 米，通进深 4.2 米，是保存较好的小型佛庵，今基本保持原有格局，为西城区文物保护单位。

海潮庵

创作于

1953 年 8 月 14 日

章可先生考

《宸垣识略》：海潮观音寺在银锭桥南湾，有明万历间翰林检讨赵用贤碑，又一碑磨泐，无考。

整理者注

海潮庵在今地安门外大街西侧银锭桥胡同 9 号，又称古刹海潮观音禅林、海潮观音寺、观音寺、观音庵。明嘉靖年间始建，清代重修。海潮庵坐北朝南，山门东向，山门右额有“什刹海潮观音禅林”八字。今前后殿尚存，为民居。原庵内曾有铁香炉，铸有“嘉庆三年四月海潮庵”九字，今已佚失，2013 年海潮庵被列为西城区普查登记文物。

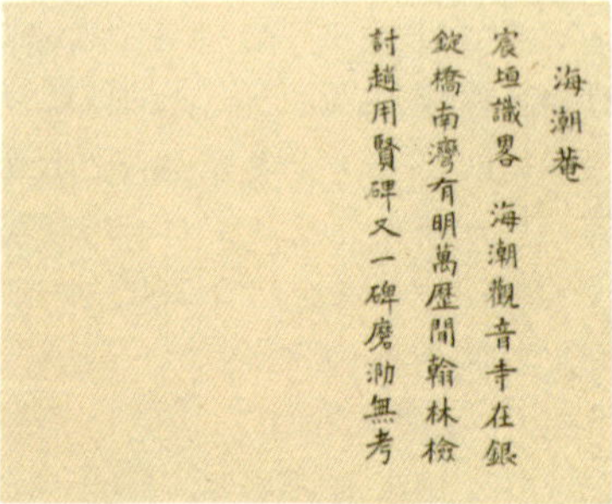
海潮菴
宸垣識畧 海潮觀音寺在銀
錠橋南灣有明萬歷間翰林檢
討趙用賢碑又一碑磨泐無考

北极禅林（一）

创作于

1950 年 7 月 1 日

章可先生考

北极禅林，毡子房十三号。大殿匾题：玄天上帝。有钟，为嘉靖三年造。

整理者注

① 明嘉靖三年即公元 1524 年。

② 北极禅林供奉着真武大帝，又名北极寺、北极庵、真武庙，故址在今什刹前海西北方毡子胡同 7 号，始建于明代，据传明代为供应厂太监的办公地点。旧时北京有许多以南极或北极命名的庙庵，其名多半与吉祥、极乐等吉利之意有关，并非取意于今天所说的南极洲或北极。北极禅林坐北朝南，共有殿房 17 间，今尚存，为民居。

北极禅林（二）

创作于

1953 年 9 月 9 日

章可先生考

北极禅林，毡子房十三号。

有钟，为嘉靖三年造者，大殿匾题：玄天上帝。

整理者注

① 毡子房今称毡子胡同，在地安门西大街北侧前海西侧路北。

② 北极禅林又名北极寺或北极庵、真武庙，供奉真武大帝，故址在毡子胡同 7 号（原清阿拉善王府东墙内），建于明代，有山门，前殿五间，后殿三间，共有殿堂十七间，据传明代为供应厂太监们办公场地，现尚存，已为民居。

护国观音禅林

创作于

1953年9月10日

章可先生考

敕建护国观音禅林，内五区东钱串胡同六号。

整理者注

东钱串胡同今称南钱串胡同，位于地安门西大街北侧龙头井街之北。南、北钱串胡同形成于清乾隆年间，因胡同形状狭长弯曲，内有多处岔道，犹如旧年间的钱串，故名“钱串胡同”。只是民国时期，“南钱串”叫“东钱串”，“北钱串”叫“西钱串”，直到1965年才把“东、西钱串”变更为现在的名称。

NO-043

天寿庵

章可先生考

正门在龙头井三号，今为小吏宿所，市民多不复知其为何寺。

整理者注

天寿庵故址在今地安门西大街龙头井街 42 号，汉传佛教寺院，建于清朝同治年间，供奉释迦牟尼、关帝、观音、西方三圣。庵坐北朝南，山门石额上题有“古刹天寿庵”，殿房 33 间，一度为恭王府祠堂，现为西城区文保单位，基本保持原建筑格局，今为民居。

NO-044

火神庙

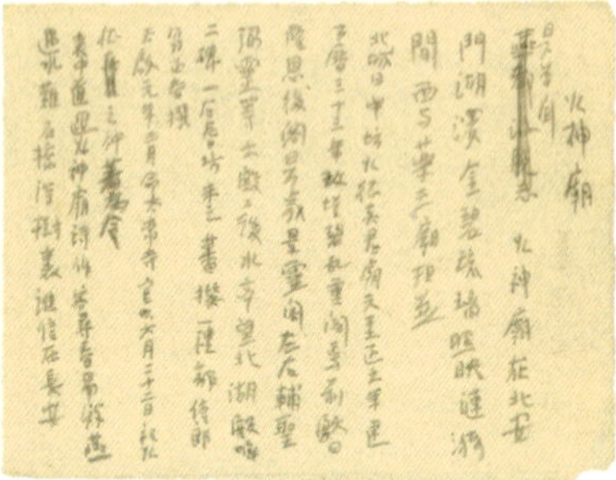

创作于

1951 年 3 月 9 日

章可先生考

《日下旧闻考》：火神庙在北安门湖滨，金碧琉璃，照映涟漪间，西与药王庙相并。

北城日中坊火德真君庙，元至正六年建，万历三十三年改增碧瓦重阁焉。前殿曰隆恩，后阁曰万岁景灵阁，左右辅圣、弼灵等六殿。殿后水亭，望北湖。殿墀二碑，一右春坊朱之蕃撰，一礼部侍郎翁正春撰。

天启元年三月，命太常寺官以六月二十二日祀火德之神，著为令。袁中道《过火神庙》诗：作客寻春易，游燕遇水难。石桥深树里，谁信在长安。

整理者注

① 元至正六年即公元 1346 年。明万历三十三年即公元 1605 年。明天启元年即公元 1621 年。

② 地安门明代称北安门。

③ 火神庙今仍存，现在西城区地安门外大街路西，始建于唐贞观六年（632 年），称为火德真君庙。元至正六年（1346 年）重修，明代万历三十三年（1605 年）重修，清顺治十七年（1660 年）与乾隆二十二年（1757 年）两次重修，改为琉璃瓦。庙内有殿宇楼阁三重，早年供奉火神、关帝和玉皇。这座火神庙是京城最早，也是唯一的皇家庙宇。1984 年 5 月 24 日公布为北京市第三批文物保护单位之一。2003 年北京市政府开始对该庙进行大规模的修缮，2008 年完成，现已重新对外开放。

内城西部

NO-043

NO-044

NO-045

嘉兴寺

创作于
1953 年

章可先生考

嘉兴寺，内五区皇城根六十四号。

《宸垣识略》：嘉兴寺在宛平县西，面皇城。有钟，题名为康熙三十八年五月造。

整理者注

① 清康熙三十八年即公元1699年。

② 嘉兴寺故址位于地安门西大街141 号，此寺始建于明弘治十六年（1503 年），清代康熙年间重修。正阳门外东柳树井路北的大慈庵是其下院。1861 年，嘉兴寺曾一度作为清政府“通商议事”之所。寺院坐北朝南，分东西两院。现为民居大杂院，有古建房屋 37 间。旧时嘉兴寺以停灵暂厝、承办丧事而闻名，它是全北京市停灵、办丧事最多的庙。曾被慈禧太后立为大阿哥的溥儁死后停灵于此。1950 年后嘉兴寺曾成为殡仪馆，嘉兴寺现为民居大杂院。

NO-046

保安寺 城隍庙

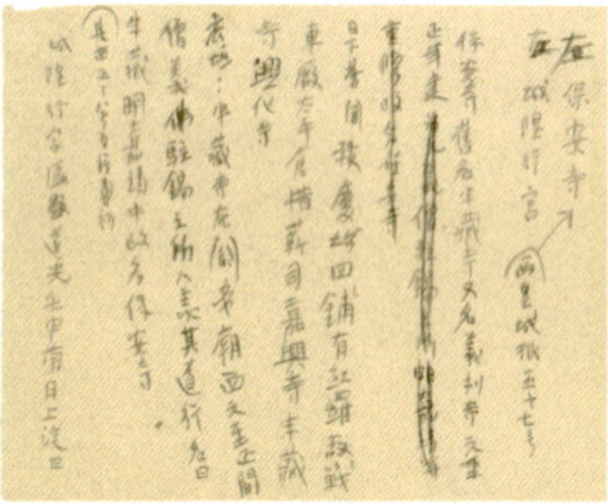

创作于
1953 年 9 月 10 日

章可先生考

左保安寺，西皇城根五十七号。

右城隍行宫。

保安寺旧名半藏寺，又名义利寺，元至正年建。

《日下旧闻考》：积庆坊四铺，有红罗厂、战车厂、太平仓、惜薪司、嘉兴寺、半藏寺、兴化寺。

《宸垣识略》：半藏寺在关帝庙西，元至正间，僧义佛驻锡之所。人羡其道行，名曰半藏。明嘉靖中，改名保安寺。

其西五十八号为旌勇祠。

城隍行宫匾额题：道光壬申菊月上浣日。

整理者注

① 保安寺始建于元至正年间（1341—1368 年），名曰半藏寺，明嘉靖改为保安寺，是一座寺庙，取保佑一方平安之意，清时一度为索尼家庙，其故址在西皇城根 57 号，今为地安门西大街 133 号，殿堂尚存，今为西城区文物保护单位。

② 城隍行宫故址在地安门外西皇城根 56 号，今地安门西大街 129 号。建于明万历十七年（1589 年），清嘉庆十七年（1812 年）重修，属私建。前殿尚完好，现为民居。

③ 旌勇（忠）祠，旧门牌为 58 号，今为地安门西大街 135 号。据《日下旧闻考》记载，清乾隆三十三年（1768 年）为表彰祭祀战死沙场的云贵总督、将军明瑞在西皇城根 58 号敕建了旌勇祠。

④ “铺”为我国古代驿站称谓，三十为一铺。

⑤ “道光壬申”疑有误，道光是清朝第八位、清军入关后的第六位皇帝清宣宗爱新觉罗・旻宁的年号，共使用三十年即1821 年2月3日—1850 年 2 月 25 日，近几百年来的壬申年有：1632 年、1692 年、1752 年、1812 年、1872 年、1932 年、1992 年，所以“道光壬申”疑有误。“上浣日”指的是上旬。

NO-045

NO-046

保安寺（一）

创作于
1953 年 9 月 12 日

章可先生考

图为康熙年碑。

整理者注

保安寺故址在西城区地安门西大街 133 号，为西城区文物保护单位。元至正年间始建半藏寺。明嘉靖十四年（1535 年）重修，改名保安寺。今殿堂尚存，为民居，康熙年碑尚存。

保安寺（二）

创作于

1953 年 9 月 12 日

章可先生考

保安寺右侧，由旌勇里东望，如图。

NO-049

圣祚隆长寺

创作于

1950 年 5 月 20 日

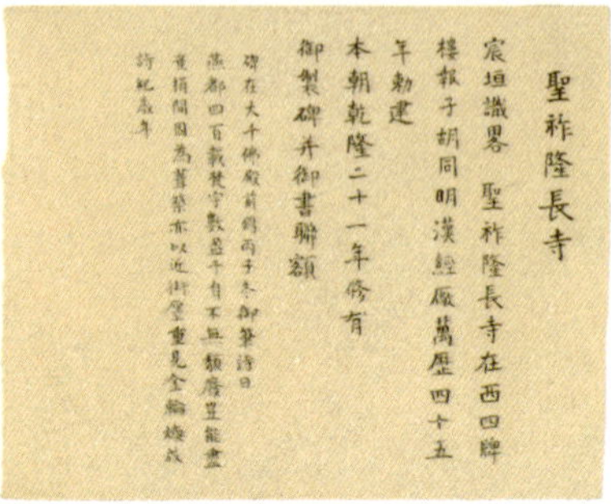
聖祚隆長寺
宸垣識畧 聖祚隆長寺在西四牌樓報子胡同明漢經廠萬歷四十五年勅建
本朝乾隆二十一年脩有
御製碑并御書聯額
碑在大千佛殿前鐫丙子冬御筆詩曰燕都四百載梵宇數盈千自不無頹廢豈能盡棄捐間因為葺築亦以近街廛重見金輪煥成詩紀歲年

章可先生考

《宸垣识略》：圣祚隆长寺在西四牌楼报子胡同明汉经厂（外厂），万历四十五年勅建。本朝乾隆二十一年修，有御制碑并御书联额。

碑在大千佛殿前，镌丙子冬御笔诗曰：燕都四百载，梵宇数盈千。自不无颓废，岂能尽弃捐？间因为葺筑，亦以近街廛。重见金轮焕，成诗纪岁年。

整理者注

① 明万历四十五年即公元 1617 年。清乾隆二十一年即公元 1756 年。

② 圣祚隆长寺故址当在西四北报子胡同东口路北。报子胡同今名西四北三条。圣祚隆长寺是一座汉传佛教寺院又称护国圣祚隆长寺，该寺原为汉经厂外厂，明朝万历四十五年（1617 年）奉敕建寺。清朝乾隆二十一年（1756 年）重修。寺内尚存清朝乾隆二十一年（1756 年）御制隆长寺诗碑。如今，该寺的钟鼓楼已遭拆除，其余殿宇均尚存。大千佛殿内的铜五方佛已迁移至法源寺供奉，其余佛像均无存。大殿前东侧的乾隆御制诗碑已被砌在房间内。天王殿、大千佛殿、前西配殿由西四日杂商店当作仓库，其他殿宇均为民居。

内城西部

NO-049

NO-050

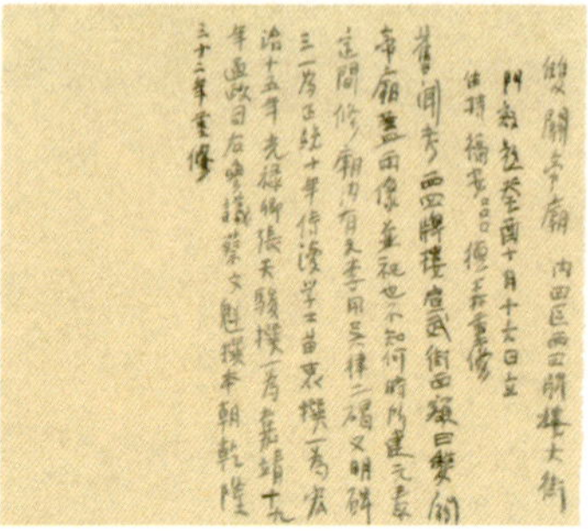
雙關帝廟 內四區西四牌樓大街
門額題癸酉十月十六日立
住持福安德森重修
舊聞考 西四牌樓宣武街西額曰雙關
帝廟蓋兩像並祀也不知何時所建元泰
定間修廟內有元李用吳律二碣又明碑
三一為正統十年侍讀學士苗衷撰一為宏
治十五年光祿卿張天駿撰一為嘉靖十九
年通政司右參議蔡文魁撰本朝乾隆
三十二年重修

双关帝庙

章可先生考

双关帝庙，内四区西四牌楼大街。

门额题：癸酉十月十六日立，住持福安德森重修。

《日下旧闻考》：西四牌楼宣武街西，额曰双关帝庙，盖两像并祀也，不知何时所建。元泰定间修，庙内有元李用、吴律二碣。又明碑三：一为正统十年侍读学士苗衷撰，一为宏（弘）治十五年光禄卿张天骏撰，一为嘉靖十九年通政司右参议蔡文魁撰。本朝乾隆三十二年重修。

整理者注

① 元泰定年即公元1324—1328年。明正统十年即公元1445年，弘治十五年即公元1502年，嘉靖十九年即公元1540年。乾隆三十二年即公元1767年。

② 宏治十五年应为弘治十五年。

③ 双关帝庙故址在今西城区西四北大街167号，又称护国双关帝庙，道观。建于金朝大定年间（1161—1189年）。该庙原有元朝泰定元年（1324年）李用所立《义勇武安王碑》，由翰林院侍读学士阿尔威撰文。据元朝泰定三年（1326年）所立的吴律《汉义勇武安王祠记》记载，都城西市旧有庙，殿久失修，元泰定二年（1325年）由泰定帝及皇后捐资重修。明朝正统十年（1444年），该庙重建。后来，又先后于明朝弘治十五年（1502年）、嘉靖十九年（1540年）、清朝顺治十八年（1661年）、康熙三十九年（1700年）重修。庙内元朝、明朝石碑于1980年代被北京石刻艺术博物馆收藏。

④ 北京百姓之所以称其为双关帝庙，是因为在庙中供奉的除了关老爷之外，还有岳飞的塑像。民间传说，岳飞是关老爷转世，所以能够“精忠报国”。于是岳元帅倒是沾了关羽的光，庙也就称为双关帝庙了。也有说是因为有二座关帝像。关帝庙称“双”，在其他地方似乎没有。该双关帝庙今仍存。

内城西部

NO-050

小旃坛寺

章可先生考

《顺天府志》：明嘉靖时建，有万历间御史苏维霖碑。

整理者注

① 小旃坛寺故址在西四北大街小旃檀寺胡同8号，今西四北红罗厂南巷一带，似已不存。

② “苏维霖”当为“苏惟霖”。

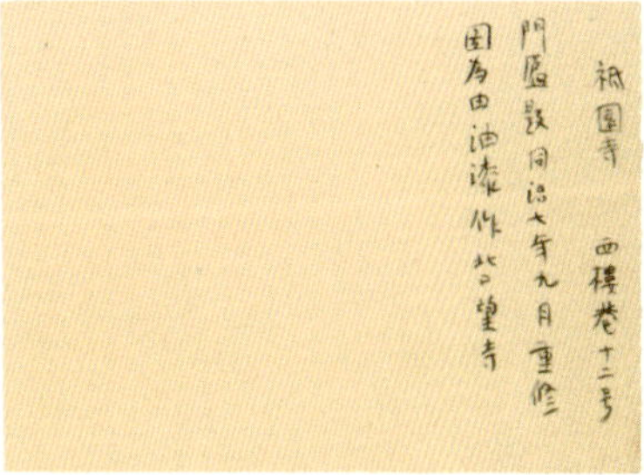

祇园寺

创作于

1953 年 10 月 14 日

章可先生考

祇园寺，西楼巷十二号。门匾题：同治七年九月重修。图为由油漆作北口望寺。

整理者注

① 西楼巷清代时叫做地安门西夹道，1911 年后改为西楼巷胡同 。《北京地名典》在恭俭胡同的介绍中说道："再北有西楼胡同，原称地安门西夹道，是一条位于地安门西侧的小巷。因位于地安门之西，故名。"

② 祇园寺故址在地安门内大街北口内西侧西楼巷 19 号，2013 年列为北京市西城区普查登记在册文物。祇园寺建于清乾隆年间，据《北京寺庙历史资料》1928 年北平特别市寺庙登记中记载："祇园寺坐落在内六区地安门内西楼巷十二号，建于清乾隆年，属私建。本庙面积六分一厘五毫，房屋十二间。……庙内法物有三世佛三尊，关帝、韦驮各一尊，钟磬各一个，另有榆树一株，柏树一株。" 又《1936 年第一次寺庙登记》载："庙内法物有佛像八尊，神像一尊，礼器五件，法器两件，另有柏树，榆树各一株。"祇园寺今为民宅。

③ 清同治七年即公元 1868 年。

庆云寺

章可先生考

庆云寺，景山后街 18 号。

门榜曰：民国己卯九月吉日立，住持宽玄重修。

整理者注

① 民国己卯应为民国二十七年，即公元 1938 年。

② 庆云寺在今景山后街路北，建于明万历二十九年（1601 年），名三圣祠，地处明代内官监旧地。清代成为广济寺下院。乾隆二十二年重修，仍循三圣祠之名。嘉庆十五年（1810 年）、道光十年（1830 年）又重修，光绪三十三年（1901 年）在重修后改名火神庙。庆云寺在明清两代时传道教。民国时改为家庙，民国三十一年（1942 年）七月重修后改名为庆云寺，改为佛教寺院。今已成民居。

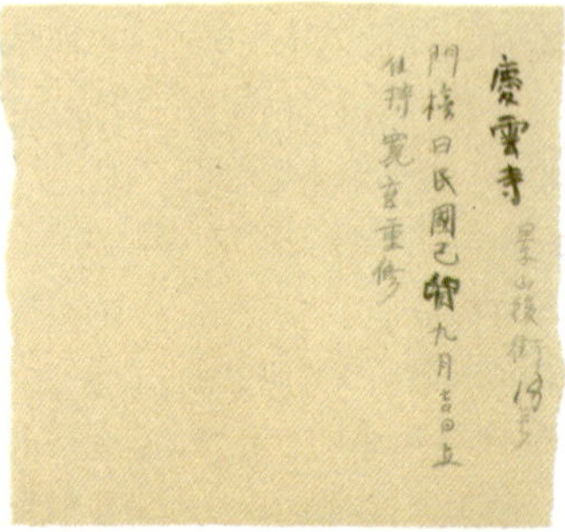

关帝庙

创作于

1950 年 12 月 3 日

章可先生考

关帝庙，南顺城街三十九号。

门额为：古刹护国佑民义合铁关帝庙。

图为由武定侯街望此庙。右边一屋丹垣不知为何庙，今为油条店。

整理者注

关帝庙其故址当在今西城区阜成门南顺城街武定胡同（即原武定侯胡同）西口外路西南侧，由于扩建道路已拆除。

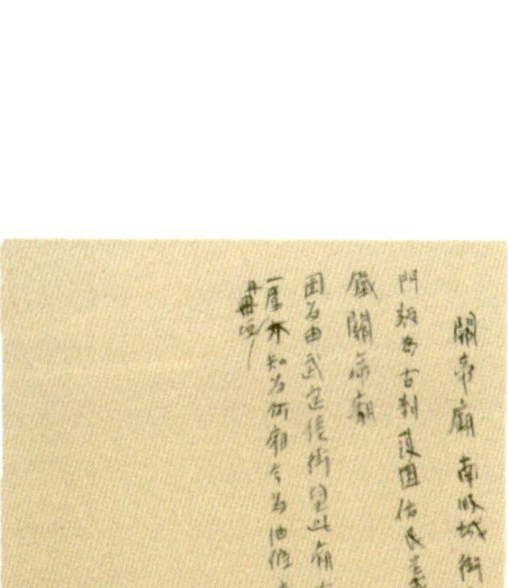

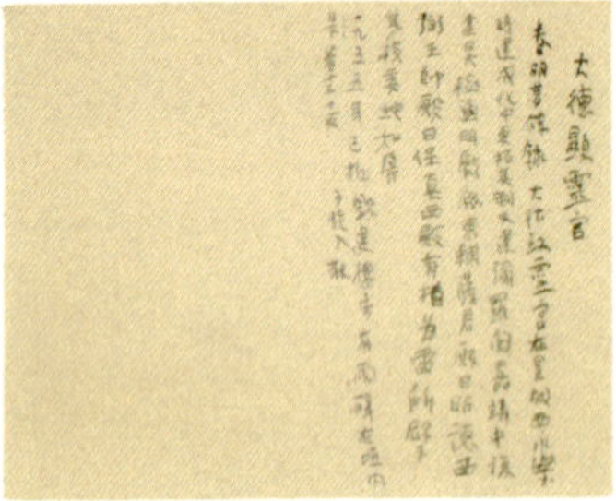

大德显灵宫

创作于
1953 年 8 月 26 日

章可先生考

《春明梦余录》：大德显灵宫在皇城西，永乐时建。成化中更拓其制，又建弥罗阁。嘉靖中复建昊极通明殿，殿东辅萨君殿，曰昭德；西弼王帅殿，曰保真。西殿有柏，为雷所擘，其枝委地如屏。

一九五五年已拆毁建楼房，有两碑在垣内，未能入观。《日下旧闻考》卷十三十页。

整理者注

显灵宫修建于明永乐十八年（1420 年），其故址在今西城区鲜明胡同中部路西，有道士周思得行灵官法，自称知祸福先。因朱棣崇信道教，为其修建天佑庙，到明成化年间，因成化皇帝也崇信道教，改名大德显灵宫。

明朝时期，显灵宫建筑宏伟，古柏葱郁，尤其是宫内有一棵奇柏驰名京城，为当时京师七奇树之一，《帝京景物略》称为显灵宫“折枝柏”，描述道：“显灵宫折枝柏也，雷披一枝，屏于霤中，折而不殊，二百年葱葱”，又记“百年前，夜雨霹雳。晓见柏垂当门为屏，知神意隐蔽……而柏不更枯”。因嘉靖帝崇信道教甚笃，故显灵宫在明嘉靖年间香火最盛，后在嘉靖年间被一场大火焚毁。

无量禅林（一）

创作于

1950 年 7 月 19 日

章可先生考

无量禅林，南兵马司。

无量禅林（二）

创作于
1951 年 1 月 17 日

章可先生考

无量禅林，西四南兵马司二十六号。

整理者注

寺庙具体位置当在今西四南大街西侧的兵马司胡同西口内路北。作者章可先生所讲的“西四南兵马司二十六号”为1965 年地名改革以前的旧门牌号码。

显应观（一）

创作于

1953年10月12日

章可先生考

显应观在内西斜街。

有嘉靖四十二年碑，有一鼎，一钟，皆为光绪七年造者。

整理者注

显应观故址在西单北大街西斜街72号，始建于明朝嘉靖四十二年（1563年），乾隆四十四年（1779年）、宣统三年（1911年）曾重修。当地人都称显应观为“大庙”，亦唤作“老公庙”，清末民初曾经是太监的养老庙，一说李莲英出宫在此居住。今已成民居，为2013年西城区普查登记文物。

显应观（二）

创作于

1953 年 10 月 13 日

显应观（三）

创作于
1953年10月13日

章可先生考

显应观建于明嘉靖中，乾隆四十四年重修。有碑，为梁国治奉敕撰并书者。后殿前有鼎，上刻“钟粹宫寿膳房信士弟子首领马双福于同治十三年八月造成呈献”。

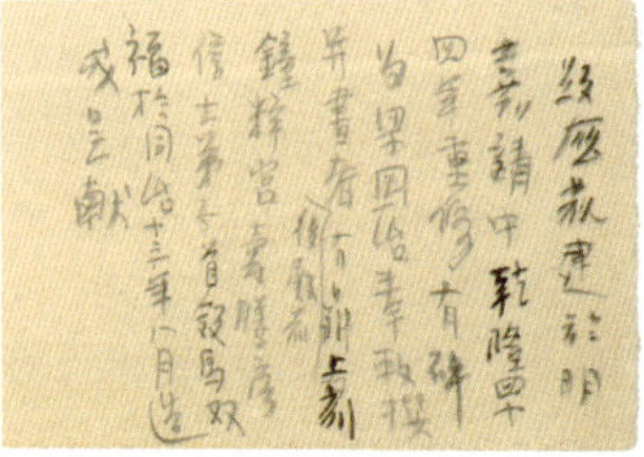

NO-061

鹫峰寺

创作于

1950年7月21日

章可先生考

《宸垣识略》：鹫峰寺，即唐淤泥寺，在内城西隅，城隍庙之南鹫峰寺街，唐贞观二十二年建。亦名卧佛寺，以卧佛得名。鹫峰者，唐僧之号也，见唐人石刻心经。中有旃檀瑞相，体制衣纹，踽踽欲动，非近代人所能办。本朝康熙四年，奉敕移奉弘仁寺，别以铜范如来佛，还供本寺。乾隆二十六年重修，有御制碑。

《天咫偶闻》：唐淤泥寺经幢最有名，亦失去。惟阶下石钵一，甚光泽，疑是旧物，惜裂为二矣。

《日下旧闻考》：淤泥寺心经今在京城城内西南隅鹫峰寺，正书，其末曰"大唐贞观二十二年三月吉日建"，立碑曰"宫官张功谨敬德监造"。今山东河北寺院多云创自敬德，或谓是尉迟敬德。考许敬宗所作敬德神道碑及本传，并无镇幽州事，亦不当列于宫官之下也。（《金石文字记》）

又按寺今在内城西北，《金石文字记》所指是元时大都。

汉经厂外厂圣祚隆长寺有万历四十五年敕建碑。（《行国录》）

《日下旧闻考》：万历己未，鹫峰寺僧济舟在殿诵经，一士人拜墀下。僧睹仪观有异，迎上殿，士人不可，僧固迎不已，士自通曰城隍也，殿有戒神呵护，不敢轻入，语罢不见。（《筠廊偶笔》）

整理者注

① 唐贞观二十二年即公元648年。明万历四十五年即公元1617年，万历己未应为公元1619年，即万历四十七年。清康熙四年即公元1665年，乾隆二十六年即公元1761年。

② 鹫峰寺其故址当在今复兴门大街原卧佛寺街西口内北侧（今百盛购物中心一带），具体方位在复兴门桥东北方向。

③鹫峰寺的规模不大，有山门、两重大殿、配殿及跨院。寺内前殿供奉的旃檀释迦接引佛，是用名贵的旃檀木雕刻而成。旃檀释迦如来佛像高五尺，站立状，做工精美。最奇妙的是佛像在寒暑晨昏之际，能变幻出不同的色彩。明万历年间，慈圣太后拨黄金，以饰佛身。

元至元十二年（1275年）世祖忽必烈迎佛像至皇宫万寿山仁智殿（位于今北海白塔山），元至元二十六年（1289年）迎奉大圣寿万安寺后殿（今妙应白塔寺）。明时，佛像居万安寺140余年后移奉庆寿寺（即西长安街北侧的双塔庆寿寺，金代建，1954年拓宽西长安街时拆除）。嘉靖十四年（1535年），庆寿寺失火，佛像移奉至鹫峰寺，供于前殿。清康熙四年（1665年）又移奉至弘仁寺（位于文津街北侧三〇五医院），另铸一铜制如来佛像还供于鹫峰寺。光绪二十六年（1900年），寺为火焚，最古之旃檀佛像已失去。

鹫峰寺后殿供奉一尊卧佛，故鹫峰寺又俗称卧佛寺。寺在乾隆二十六年（1761年）重修，并立御制碑于寺中。寺前有街，因寺得名为卧佛寺街。1956年，扩建复兴门内大街，将卧佛寺街并入，寺中部分殿宇拆除。1972年1月，在复兴门门洞原址处建北京市城区第一座立交桥——复兴门立交桥，鹫峰寺残留殿宇全部拆除。

鷲峯寺

宸垣識畧 鷲峯寺即唐淤泥寺在内城西隅城隍廟之南鷲峯寺街唐貞觀二十二年建亦名卧佛寺以卧佛得名鷲峯者唐僧之號也見唐人石刻心經中有栴檀瑞相體製衣紋踹踹欲動非近代人所能辨 本朝康熙四年奉敕移奉弘仁寺別以銅範如來佛還供本寺乾隆二十六年重脩有御製碑

天咫偶聞 唐淤泥寺經幢最有名亦未去物瑄石碑一甚光澤疑是舊物稍異為之矣

日下舊聞(2) 萬曆己未鷲峯寺僧濟舟在廚誦經一七人拜墀下僧覩儀觀有異迎上殿士人不可僧固請迎不已士自通日 賊隍也殿有戒神呵護不敢輕入語罷不見

茹廟偶筆

(4) 漢經廠外廠聖祚隆長寺有萬曆甲五年 敕建碑 行田錄

日下考聞(1) 淤泥寺心經今在京城之内西南隅鷲峯寺 近書其末曰大唐貞觀二十二年三月吉日建立碑日宮官張功謹敬撰盤 造今山東河北寺院多在側自此標或得是廚造故在放許故京所作敬德神道觀及本傳並無鎮幽州事亦不當列于宮宦之下也(日下考聞)

今按寺今在内城西北

NO-062

石灯庵

创作于

1950 年 8 月 29 日

章可先生考

石灯庵，内二区石灯庵胡同。

整理者注

石灯庵故址在今西城区佟麟阁路西侧石灯胡同路东，本为唐吉祥庵故址，元代泰定间建立，明万历丙午年（万历三十四年，即 1606 年）间重修，修时因掘土得石灯，上刻唐人所书心经，始改今名。

明《帝京景物略》：庵，旧名吉祥，万历丙午（1606 年）西吴僧真程自云栖来，葺之而居，发古甃下，得石幢一，式如灯台，傍镌《般若心经》一部。唐广德二年（764 年）少府裴监施，朝请郎赵偃书，适黄仪部汝亨过其地，以庵甫治而镫适出，遂手书额，自是称石镫庵焉。

明代大臣、书法家黄汝亨手书“石镫庵”三字，勒石悬于庙门外作为门额。这条小巷也被人称为“石灯庵胡同”。

清末，庵内尚存留一个石香炉，传说是唐代的石灯。然而，香炉上已见不到刻字，胡同仍称石灯庵。

民国二十四年（1935 年），曾开戒场传戒，并按期编辑关于宣扬佛化之刊物。

1965 年，将胡同名中的“庵”字去掉。

如今石灯庵早已荒废，石灯也已下落不明。

石鐙庵 内二区石鐙庵胡同

NO-063

敕建龙泉寺下院观音寺

创作于

1950 年 5 月 22 日

整理者注

龙泉下院观音寺，俗称“象坊桥观音寺”，位于北京市西城区宣武门西大街 93、95 号，是一座汉传佛教寺院。原为北京南城的龙泉寺的下院，现为西城区文物普查登记项目。

内城西部

NO-062

NO-063

NO-064

倒座观庙

创作于

1953年10月3日

章可先生考

倒座观庙，在安福胡同。

整理者注

① 安福胡同今分为东、西安福胡同，在西城区西长安街南侧。

② 倒座关帝庙，故址在宣武门内西安福胡同路南，明万历年间曾重修，面积一亩，房屋二十三间半。因其一反常规，庙门向北，故称倒座关帝庙，原山门有石额曰“古刹倒座关帝庙”，该庙现已无存。

3.10.53

NO-001

玉皇庙

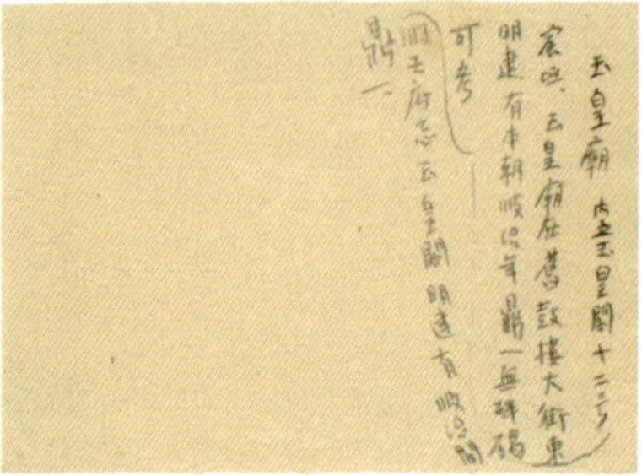

章可先生考

玉皇庙，内五玉皇阁十二号。

《宸垣识略》：玉皇庙在旧鼓楼大街东，明建，有本朝顺治年鼎一，无碑碣可考。

《顺天府志》：玉皇阁，明建，有顺治间鼎一。

整理者注

玉皇庙亦称玉皇阁、玉皇庵，玉皇阁是供奉玉皇大帝的处所。据光绪《顺天府志》，此处玉皇阁建于明朝，康熙四十八年（1709年）重修。二十世纪五十年代尚存，有山门、前殿、后殿、配殿，现基本不存。玉阁胡同，光绪时称玉皇阁胡同，宣统后称玉皇阁。1965年称玉阁胡同。玉皇庙故址在今旧鼓楼大街路东玉阁胡同23号。

玉皇庙

NO-002

永寿寺

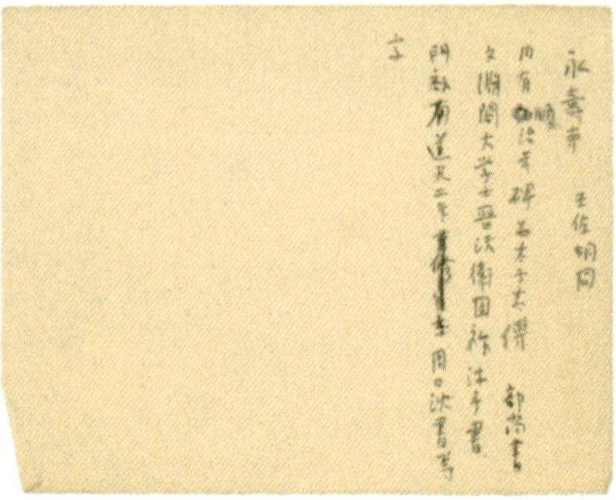

创作于

1953 年 9 月 1 日

章可先生考

永寿寺，王佐胡同。内有顺治年碑，为太子太傅、部尚书、文渊阁大学士晋沃卫国祚沐手书，门额有“道光二年周又忱书”等字。

整理者注

① 道光二年即公元 1822 年。

② 顺治年碑书者为太子太傅、刑部尚书、文渊阁大学士。

③ 永寿寺为明代庙宇，清时尚存，其故址在今鼓楼东大街北王佐胡同 25 号（原 14 号）。也称永寿庵、永寿禅林、永寿关帝庙，寺内原有顺治年间的《永寿寺碑》。国家图书馆存有这通 1660 年的碑石拓片，《永寿寺碑》记载了顺治年间重修永寿寺的盛况。从《雍正庙册》登记看，自顺治重修后，永寿寺建筑不断减少，寺庙性质也在佛道之间变换不定。上世纪三十年代初，永寿寺山门南向，北殿三间，内供关帝一尊，周仓、关平等泥像三尊，均已残破。1935 年，佛教会公推奉天尼僧显性驻锡寺庙，显性随即发愿重修寺庙，以大殿供奉观音，前殿供关帝，重改名为永寿寺。后衰落，现为仓库和民居。

内城东部

NO-002

NO-003

宏恩寺

创作于

1950年3月3日

章可先生考

重修清净宏恩寺，在钟楼之北。

《宸垣识略》：千佛寺即吉祥寺，在金台坊，顺天府治西，元泰定间建，明嘉靖间碑略云：即元之千佛寺，在都城坎地金台坊，旧有石刻云：元贞丙申建，至宣德癸丑，凡百三十八年，因故址而新之，遂为精蓝（焉）。正统戊午（五月）敕赐吉祥寺，而俗犹以千佛寺称之。万历九年，另建千佛寺于德胜门北八步口，遂称小千佛寺以别之。

宏恩寺山门前，有二铜狮与一圆鼎，内大殿前一方鼎，皆光绪三十二年素云羽士刘诚印在崇文门外祥盛铸铁厂定造者。方鼎之后，一大方香炉，为光绪二十年造者。大殿为帝王（殿），正中悬黑匾，四金字，“声灵赫濯”四字。光绪二十四年，乾清门头等侍卫副都统衔兼会中佐领前总统吉字营马步练军富林布诚献者。殿左右两碑，左为陆润痒书者，右为素云道人自识者，记云：夫事不考其缘起，不详其始末，即不足以昭修筑之诚，启后来崇奉之志也。今宏恩观者，创始于元，为千佛寺，迄于有明易名清净寺，至于国朝，殆传七百余年。其中兴废不一，而摧残朽落，至今为已极矣！先是，同治十二年，住持本庙僧人振龄，因焚修无力，转与本门僧人闻庆。虽禅堂寥落，香火就湮，而宏基开敞，山门屹立，丛林之象固宛然可观。外洋人识其地者，争欲购易，以为寄庐。事将有成，而内务府郎中厚安乃慨然曰：“斯地当龙尾之要，为诸天佛菩萨所降光昭灵者，安得毁于外人哉？”遂与闻庆约，将以此庙转与厚安接修，仍令闻庆主持，重监守之责。光绪十三年，闻庆复将此庙转与刘成富、梅顺安二公，仅写白字一纸，无手本契纸之确证，盖手本契纸均在厚安处也。是年秋，余至清净寺仰瞻圣像，见庙貌倾颓，美材尚存，遂以兴修之事为己任，鸠工庀材，不惜重资。余固与厚安交甚契，厚安乐余之善举，因以手本契纸并加送字一纸，俾余以为永远之证，盖以识余志也。自光绪丁亥年九月初三日而功始作，乃易名曰宏恩观，谓神恩宏布，感应无穷，既默启余以修建之志，而尤冀后之居是观者，仰鉴神恩，而永为护持焉。故述其缘起始末，刻石志之，望同侪同志者有所稽考，为护法之善举不致湮没也。是为记！

整理者注

① 宏恩寺故址当在钟楼之北，娘娘庙胡同（即今豆腐池胡同西段）路北。二十世纪五十年代后废弃，今存。

② 元元贞丙申即公元1296年，为元元贞二年。明宣德癸丑即公元1433年，为宣德八年；正统戊午即公元1438年，为正统三年；万历九年即公元1581年。清光绪十三年即公元1887年，光绪二十年、二十四年、三十二年依次推之，光绪丁亥即光绪十三年。同治十二年即公元1873年。

③ 其址当在今钟楼北豆腐池胡同，名宏恩观，是明代在元千佛寺遗址上所建，清光绪年间重修，地势高旷，人称“龙尾之要”。据1936年的记载，该寺占地13亩，房屋187间，有222座神像，250件礼器，9件法器，2座石狮子，2座铁狮子，56张供桌，松槐树18棵，石碑4座，井1眼。二十世纪五十年代调查，宏恩寺仍保存观门、垂花门、帝君殿、大殿、东西配殿及三个跨院。帝君殿前东西各有一座碑亭，额书“万古流芳”，首题“宏恩观碑记”，刻于光绪十九年（1893年）九月九日，碑阳额书“万古长青”，碑文记录了该寺的创建沿革，为清宫二总管刘素云于光绪十三年（1887年）出资重修，清末太监小德张曾在此养病。1923年，紫禁城里的一千多名太监被驱逐出故宫，这里就成为是这些太监离开紫禁城之后的容身之所，特别是在伪满洲国时期，常常有太监因为溥仪性情暴躁、待人蛮横而逃回北京，这里便成了落脚之地。在《1936年北平市政府第一次寺庙总登记表》上，宏恩观被标注为“太监道士庙”。五六十年代，宏恩观成为北京标准件二厂，后来成了大杂院，改为菜市场、台球城。2009年宏恩观被东城区文委列为东城区文物保护单位。

3.3.1950

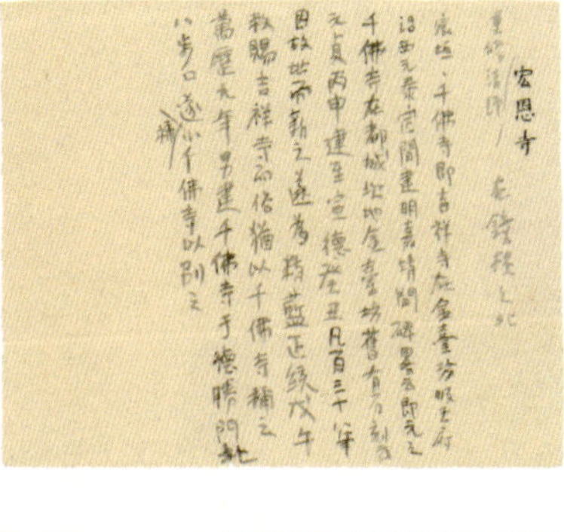
宏恩寺

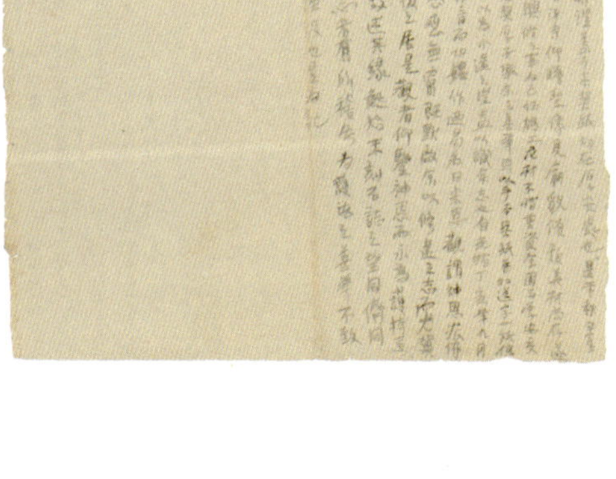

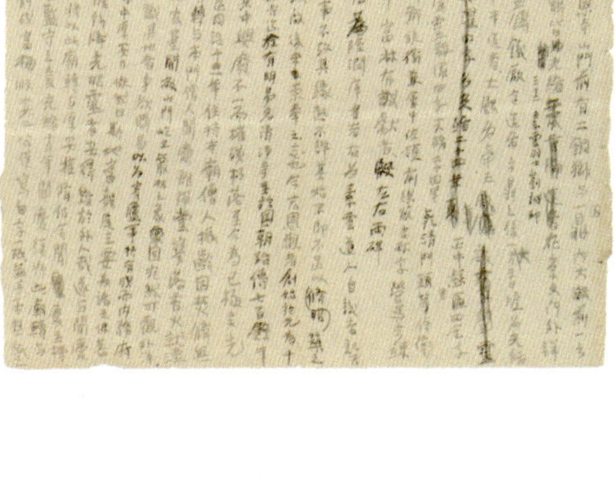

NO-004

翠云仙馆

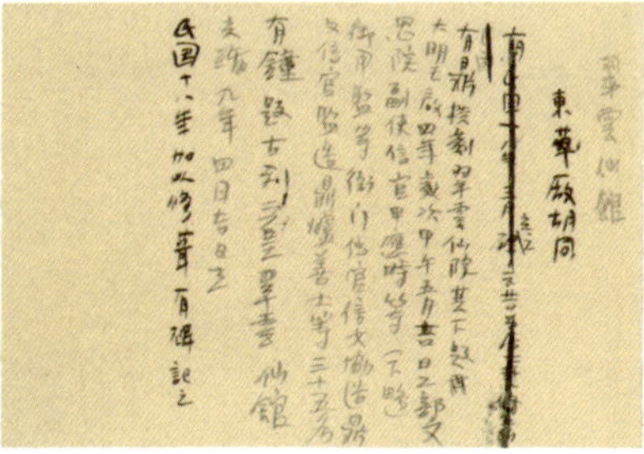

创作于

1953年9月23日

章可先生考

翠云仙馆，东草厂胡同。

有鼎，横刻：翠云仙院。其下题：大明天启四年岁次甲午五月吉日工部文思院副使信官甲应时等（下略）、御用监等衙门信官信女协造。鼎文：信官监造鼎炉，善士等三十五名。有钟，题：古刹三皇翠云仙馆，光绪九年四月吉日立。民国十八年加以修葺，有碑记之。

整理者注

① 明天启四年即公元1624年，光绪九年即公元1883年，民国十八年即公元1929年。

② 所谓“大明天启四年岁次甲午五月”应为“大明天启四年岁次甲子五月”。

③ 经查有关资料，无东草厂胡同，“东草厂胡同”这个名称有误，当为鼓楼东大街北侧的草厂北巷51号（在草厂北巷西口内路北）一带。

④ 此院原为佟姓家庙。上世纪五十年代，院内主要建筑有山门、正殿及配殿。供三皇（伏羲、神农、轩辕）及关帝像。殿前有民国十六年（1927年）立碑1座，碑首雕龙纹，前刻“万古长春”，背刻“因果不昧”。碑文略称“北京城内钟鼓楼迤东草厂胡同有翠云禅林者，昔为居士焚修之所”等。1985年该庙改为民房。2001年庙内正殿、西耳房及两配殿仍存，配殿屋顶改为合瓦顶，庙碑仍在。

内城东部

NO-004

慈寿寺

创作于

1949 年 11 月 25 日

章可先生考

《宸垣识略》：开元寺在崇教南坊北新桥路西，明敕赐惠明寺。本朝乾隆三十年重修，奉敕改慈寿寺。

明天顺间，赵昂撰敕赐惠明寺碑，略云：开元寺住持定慧以寺额请，谓寺创自唐开元间，历唐、宋、元以至明，宣德初再造，越岁而功成，寺因旧号，乞赐改正。遂赐名惠明寺。

镶黄旗满州（洲）都统署在安定门大街交道口。慈寿寺为内三区今交道口四十号。

整理者注

① 乾隆三十年为公元 1765 年。

② 镶黄旗满洲都统署故址在今交道口东大街路北位置，早已荡然无存。

③ 慈寿寺故址在东城区交道口东大街西口内路北，大约在今“天客隆”超市位置。

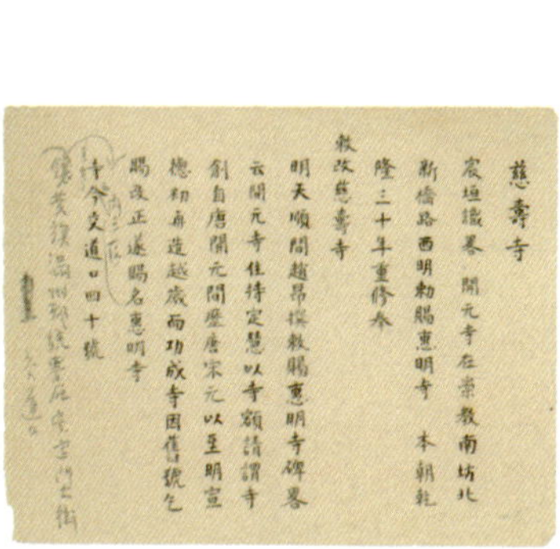
慈壽寺
宸垣識畧 開元寺在崇教南坊北
新橋路西明勅賜惠明寺 本朝乾
隆三十年重修奉
敕改慈壽寺
明天順間趙昂撰敕賜惠明寺碑畧
云開元寺住持定慧以寺額請謂寺
創自唐開元間歷唐宋元以至明宣
德初再造越歲而功成寺因舊號乞
賜改正遂賜名惠明寺
今交道口四十號

护国关帝庙

创作于

1950 年 1 月 27 日

章可先生考

护国关帝庙，北新桥小三条十七号。不知建于何年，雍正十年四月重修。

整理者注

① 清雍正十年即公元 1732 年。

② 北新桥小三条今为东城区交道口北三条胡同，明朝时名称为王大人胡同，清朝属镶黄旗，乾隆时沿称，宣统时东段称赵公府，西段称王大人胡同。民国三十六年（1947 年）又都叫回王大人胡同。1965 年整顿地名时将八仙巷并入，才改称北新桥三条。

③ 据传，明代有个金姓太监家庙在此。乾隆年间金太监寺宅院改为关帝庙，内有关公、关平、周仓塑像，每逢阴历六月二十四日，相传为关公单刀赴会的日子，常有老百姓前来烧香、磕头，此风气一直延续到民国年间。今无。

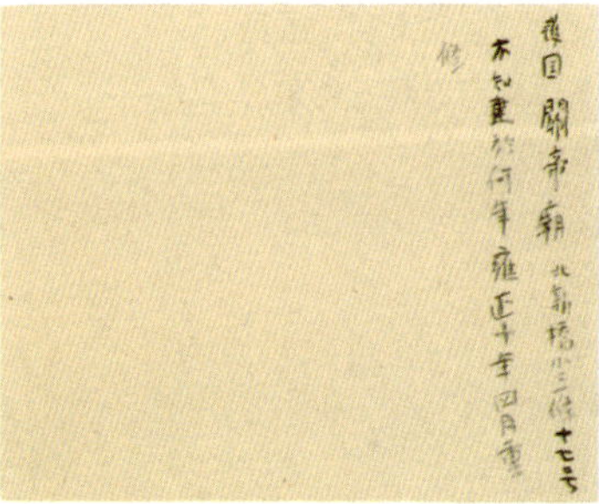

护国关帝庙（疑似）

创作于

1950 年 1 月 29 日

整理者注

疑为护国关帝庙，故址当在交道口北三条东口内路南。

雍和宫法轮殿

创作于

1949 年 12 月 13 日

整理者注

雍和宫位于安定门内北新桥之北，国子监之东，为清世宗雍正皇帝潜邸。世宗即位后，将宫邸大半赐与章嘉呼图克图，为黄教上院，盖寓羁縻远人之意。其余部分改为行宫，即雍和宫。法轮殿仿西藏都纲式建筑，为庙中道场，是全庙喇嘛集中诵经之处。殿外两旁各有配殿，东名药师坛，又称班禅楼；西名戒坛，为乾隆听经处。

雍和宫万福楼

创作于

1949年12月16日

章可先生考

《天咫偶闻》：雍和宫，在国子监之东，地本世宗潜邸，改为寺，剌麻僧居之。殿宇崇宏，相设奇丽。六时清梵，天雨曼陀之花，七丈金容，人礼旃檀之像。飞阁复道，无非净筵；画壁璇题，都传妙手。固黄图之甲观，绀苑之香林也。

《宸垣识略》：雍和宫在北新桥东北柏林寺西，世宗宪皇帝潜邸也。前为昭泰门，中为雍和门，内为天王殿，中为雍和宫，宫后为永佑殿，殿后为法轮殿。西为戒坛，后为万福阁，东为永康阁，西为延宁阁，后为绥成殿。宫西后为关帝庙，前为观音殿。

万福楼内有整檀木佛立像，露在地上者，盖只六丈，宽二丈。埋在地下者，或一丈。楼有复道，通延绥阁。

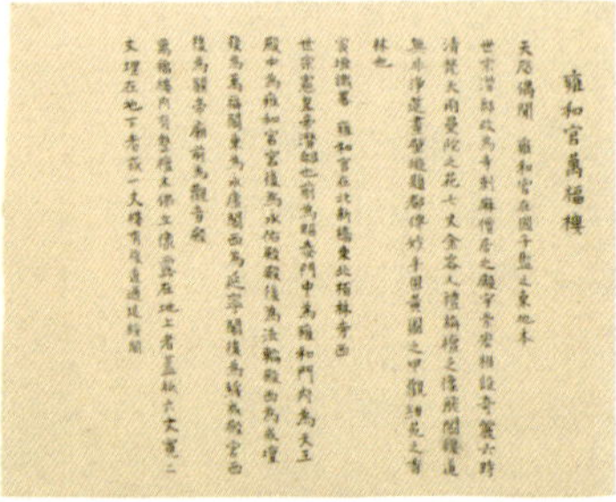
雍和宮萬福樓

天咫偶聞 雍和宮在國子監之東地本世宗潛邸改為寺剌麻僧居之殿宇崇宏相設奇麗六時清梵天雨曼陀之花七丈金容人禮旃檀之像飛閣複道無非淨筵畫壁璇題都傳妙手固黃圖之甲觀紺苑之香林也

宸垣識略 雍和宮在北新橋東北柏林寺西世宗憲皇帝潛邸也前為昭泰門中為雍和門內為天王殿中為雍和宮宮後為永佑殿殿後為法輪殿西為戒壇後為萬福閣東為永康閣西為延寧閣後為綏成殿宮西後為關帝廟前為觀音殿

萬福樓內有整檀木佛立像露在地上者蓋只六丈寬二丈埋在地下者或一丈樓有復道通延綏閣

雍和宫

创作于

1950 年 3 月 4 日

整理者注

雍和宫万福阁，由西向东的角度，左边是万福阁，右边是法轮殿后身，正对着的是昭佛楼。

NO-011

护国精忠庙

创作于

1953 年 9 月 17 日

章可先生考

护国精忠庙，东直门大街 138 号。

一九五四年，官拆去庙西楼房。

整理者注

① 所谓“官”指谓政府有关部门。

② 故址在今东直门外大街西口内路北，据《北京地名谈》记载，“东直门内大街北新桥精忠庙有井，中锁一龙，约以桥旧释出，因名曰新桥。以其在北城，故日北新桥，取其永年不旧之意。”有说精忠庙也叫镇海寺，今“锁龙井”犹在。

NO-012

文昌帝君庙

创作于

1953 年 8 月 13 日

章可先生考

文昌帝君庙，帽儿胡同。

整理者注

文昌帝君庙位于地安门外大街帽儿胡同 21 号，是北京五坛八庙之一，又名梓潼文昌庙。文昌帝君是文昌星与梓潼帝君合而为一的文教之神。文昌本为古星官名，是斗魁（魁星）之上六星的总称。汉、晋以来，将文昌配于郊祀。梓潼帝君本为雷神，宋、元道士声称玉皇大帝命梓潼帝君掌管文昌府和人间禄籍。文昌星和梓潼帝君都被道教尊为主宰功名禄位之神，元仁宗延祐三年（1316 年）将两者合为“辅元开化文昌司禄宏仁帝君”，故称文昌帝君。文昌帝君庙坐北朝南。据《光绪顺天府志》及《燕都丛考》记载：文昌帝君庙在地安门外之东，明成化年建，清嘉庆六年（1801 年）重修。有嘉庆御笔碑文《文昌帝君庙落成敬记》：“成化残碑，蓁莽寻，聿新殿宇帝居歆。御灾捍患功诚巨，阐道宏猷泽实深。气养大刚千古贯，文敷阴骘万民钦。敬申祭奠春秋祀，锡福绥邦鉴寸心。嘉庆六年辛酉五月九日御笔。”此碑系嘉庆皇帝亲自撰文，大学士刘墉书写，碑文记载了成化至嘉庆年间修建及重建此庙的经过，碑文洋洋千余字，为书法之珍品。1986 年被列为区级文物保护单位。

NO-011

NO-012

NO-013

福祥寺

创作于

1953 年 9 月 2 日

章可先生考

《宸垣识略》：福祥寺在靖恭坊蓑衣胡同，旧作蓑衣寺，有明正德中沈焘碑，万历中大学士赵志皋碑。

整理者注

① 福祥寺故址在今东城区地安门东大街北侧福祥胡同 25 号（原 10 号），坐北朝南。据《光绪顺天府志》《燕都丛考》以及弘治十一年（1498 年）《敕赐福祥寺改建山门碑记》和万历二十年（1592 年）《明僧录司左觉义守愚公主持福祥寺序》碑文记载，寺始建于明正统元年（1436 年），为武姓太监为英宗祝寿舍宅而建，赐额为“福祥寺”，弘治九年（1496 年）御马监诸珰捐款重修，正德三年（1508 年）、万历四十一年（1613 年）均重修。清雍正二年（1724 年）平定青海后，锡呼图克图使节来朝，购此寺为驻京行馆，即改为喇嘛庙，更名为宏仁寺。建国初，前半部为煤铺，其他房屋改作民居。石碑尚在，已埋入地下。现今几座殿尚存，已为民居。

② 《日下旧闻考》载有“福祥寺在今蓑衣胡同前，旧作裟衣寺”的按语，但是嘉靖间的《京师五城坊巷胡同集》有福祥寺街和裟衣寺胡同的名称，两条胡同并存。因此，清代及以后诸书认为福祥寺街即清代的蓑衣胡同，显然有误。

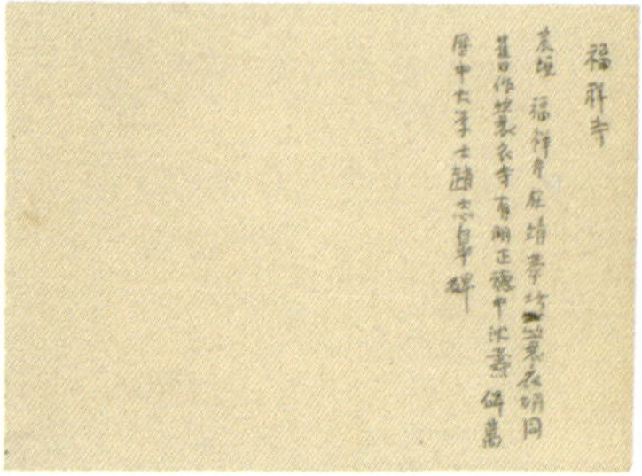

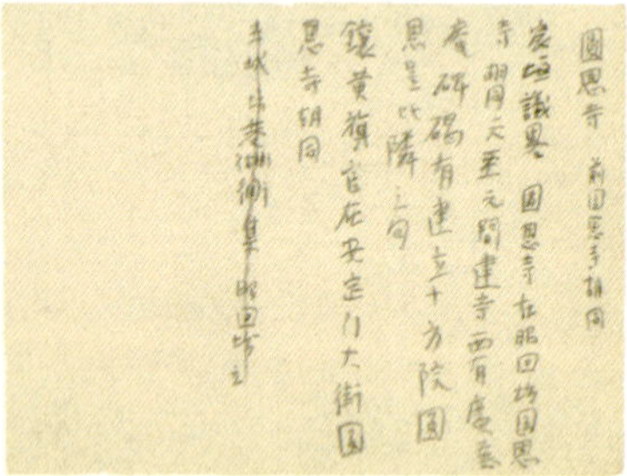

NO-014

圆恩寺

创作于

1950 年 7 月 22 日

章可先生考

圆恩寺，前圆恩寺胡同。

《宸垣识略》：圆恩寺在昭回坊圆恩寺胡同，元至元间建。寺西有广慈庵，碑碣有“建立十方院，圆恩是比邻”之句。

镶黄旗官在安定门大街圆恩寺胡同。

整理者注

① 元代至元年间即公元 1264 至 1294 年。

② 圆恩寺在今东城区交道口南大街前圆恩胡同东口内路北，今已无存。

内城东部

NO-013

NO-014

NO-015

三圣财神庙

创作于

1950 年 6 月 27 日

章可先生考

三圣财神庙，府学胡同内。

整理者注

三圣财神庙今无，所在位置已为民居。

广音寺

创作于

1953 年 10 月 6 日

整理者注

经查北京市古代建筑研究所、北京市文物局资料中心共同编写出版《加摹乾隆京城全图》（北京燕山出版社 1996 年版），考广音寺故址似在东直门内大街北新桥新太仓胡同内，明朝属北居贤坊，据《北平寺庙调查一览表》载：今胡同北端东侧清代时有广音寺，为三层殿宇。现胡同内多为居民住宅。

关帝庙

创作于
1953 年 10 月 10 日

章可先生考
关帝庙，东直门内库司胡同一号。
匾额：民国十一年中秋逸安堂重修。

整理者注
① 民国十一年即公元 1922 年。
② 原东直门内路南库司胡同及关帝庙今均不复存在。

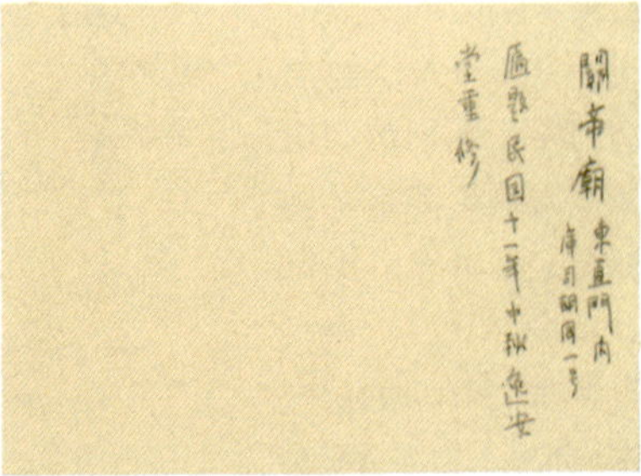

土地祠

创作于

1953 年 11 月 5 日

章可先生考

土地祠，仓夹道。

整理者注

该土地祠所在之仓夹道为东城区东直门内大街南侧仓夹道。

NO-019

延禧寺

创作于

1953 年 8 月 31 日

章可先生考

延禧寺, 辛寺胡同。

整理者注

延禧寺故址所在的辛寺胡同在东四北大街十二条胡同内路北。

NO-020

红螺山资福寺下院道明寺

创作于

1953 年 8 月 31 日

章可先生考

红螺山资福寺下院道明寺，辛寺胡同。一九五六年入内，知碑志全佚。

整理者注

① 红螺山资福寺位于北京市怀柔区城区北部的红螺山，建于东晋永和四年（348 年），原名大明寺，明正统年间（1436—1449 年）改名护国资福寺，因居红螺山之阳，俗称红螺寺。红螺寺创于晋，起于唐，兴于明，盛于清。寺内铜钟、碑刻等文物遍布，附近还有清阁老范文正墓和清末皇姑墓等。红螺寺现为国家 AAAA 级景区。

② 红螺山资福寺在怀柔区境内和北京其它区县内有数处下院，道明寺为其中之一，其故址之辛寺胡同在东城区东四十二条附近。红螺山资福寺在京城内还有一处下院是东城区地安门外方砖厂胡同东口内路北的通明寺。

NO-019

NO-020

NO-021

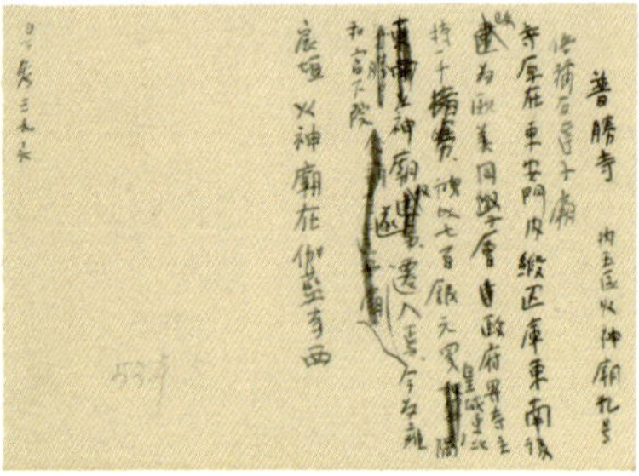

普胜寺

创作于

1953 年 11 月 5 日

章可先生考

普胜寺，内五区火神庙九号。

俗称石达子庙，寺原在东安门内缎匹库东南，后改为欧美同学会，政府畀寺主持一千楮券，彼以七百银元买皇城东北火神庙，遂迁入焉。今为雍和宫下院。

《宸垣识略》：火神庙在伽蓝寺西。

整理者注

① 东安门内缎匹库东南的普胜寺，清初时这里曾是当时摄政王多尔衮的宅邸即睿亲王府。位于南河沿大街111号，又称十达子庙，清顺治八年（1651 年）敕建，为清初所建三大寺之一。乾隆九年（1744 年）重修。四十一年（1776 年）又重修。此处为清初蒙古高僧恼木汗在北京的驻锡处。民国时改建为欧美同学会。现为东城区文物保护单位。

② 章可先生谓普胜寺在“内五区”当为“内六区”，其具体地址在今地安门东大街南侧焕新胡同。

内城东部

NO. 021

NO-022

华严寺

创作于

1953年9月24日

整理者注

① 根据《顺天府志》载，“织染局胡同有华严寺，内织染局太监立，有弘治、嘉靖二次重修织染局佛道碑记”。

② 华严寺位于今地安门内迤东织染局胡同东口路北位置，今无存。

NO-022

NO-022

龙王庙

创作于

1953年10月14日

章可先生考

龙王庙，水簸箕胡同三号。

在华严寺之东，匾题：岁次癸酉孟秋望日。

整理者注

① 水簸箕胡同，民国三十六年（1947年）称水簸箕。1949年后称水簸箕胡同。因胡同形状似簸箕又地处河边，故名。

② 龙王庙故址在北河沿大街水簸箕胡同5号。今无存。在明清时期，龙王庙是北京城里常见的寺庙。乾隆时期绘制的京城全图中，共标出内外城寺庙1207处，其中龙王庙就有12处。

关帝庙

创作于

1950年4月7日

整理者注

关帝庙故址在今地安门东大街路北，皇城根遗址公园北端对面，地安门东大街55号，今无，此处已为民居。

五岳庙

创作于

1950 年 2 月 18 日

章可先生考

五岳庵在十条胡同，明建，羽士居之。内供玉绩五狱（岳）真形图，因名，有嘉靖间工部侍郎张宪碑。

右录自《宸垣识略》，图今已失。

《天咫偶闻》：五岳观今已圮，而观外人家亦日少，故地最空阔。

《寰宇通志》：五岳观，宣德元年建。

《天咫偶闻》：光绪戊子秋，四牌楼北至十条胡同一带天雨小石子，如绿豆，黄色乾开，其中重重如有多层，不解何物，它处亦无之。

整理者注

① 明宣德元年即公元 1426 年，清光绪戊子年即公元 1888 年，为光绪十四年。

② 五岳庵其故址当在今东城区东四十条中部路北。

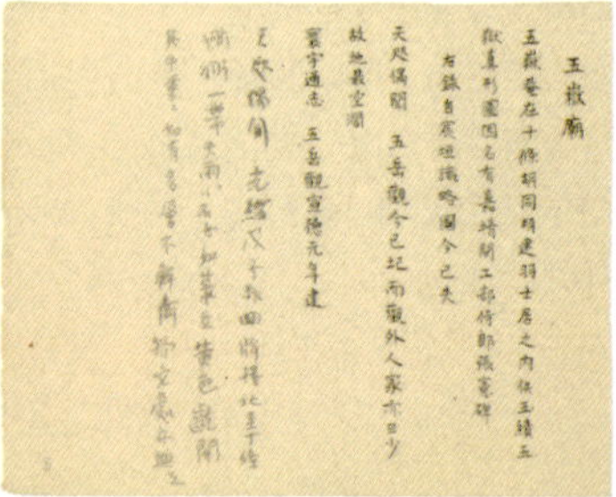
五嶽廟
五嶽菴在十條胡同明建羽士居之內供玉績五
嶽真形圖因名有嘉靖間工部侍郎張憲碑
右錄自宸垣識略圖今已失
天咫偶聞 五岳觀今已圮而觀外人家亦日少
故地最空闊
寰宇通志 五岳觀宣德元年建
天咫偶聞 光緒戊子秋四牌樓北至十條
胡同一帶天雨小石子如綠豆黃色乾開
其中重重如有多層不解何物它處亦無之

观音庵

创作于

1953 年 8 月 25 日

章可先生考

观音庵，东四九条七号（内三区）。

《顺天府志》案：王彦泓《疑雨集》省“萧疏客从才三骑，曲折胡同到九条”之句。盖明时北里也。又谟贝子府在九条胡同。案：贝子以端慧亲王支子推封。

《宸垣识略》：袭爵昭信伯第在九条胡同。

《顺天府志》：乾隆时，大学士李侍尧袭昭信伯，其祖李永芳封爵也。

整理者注

观音庵故址在今东城区东四九条 13 号。《燕都丛考》载“九条胡同，吉公府在路北，其东有观音庵”，今无。

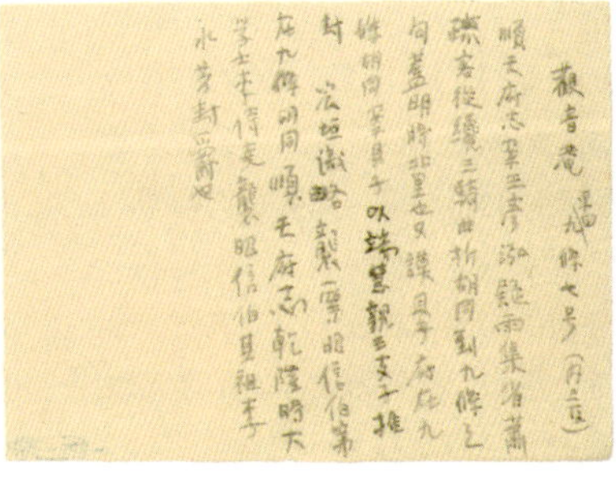

NO-027

正觉寺

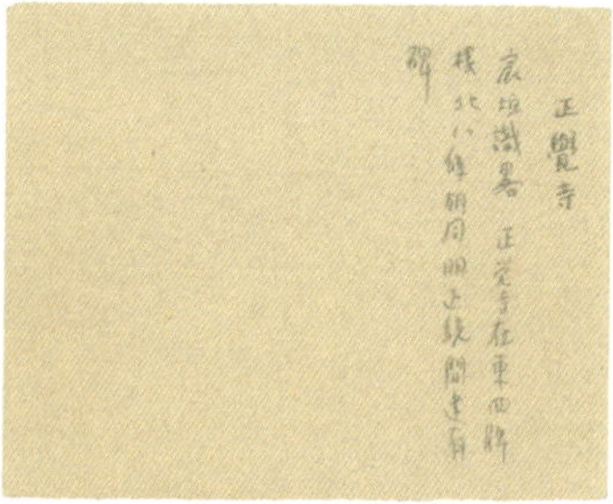
正觉寺
宸垣识略　正觉寺在东四牌楼北八条胡同明正统间建有碑

创作于

1950 年 2 月 22 日

章可先生考

《宸垣识略》：正觉寺在东四牌楼北八条胡同，明正统间建，有碑。

整理者注

正觉寺在东城区东四八条东口内路北，确切的修建时间是明正统十年，即公元 1445 年，有敕建碑。今无。

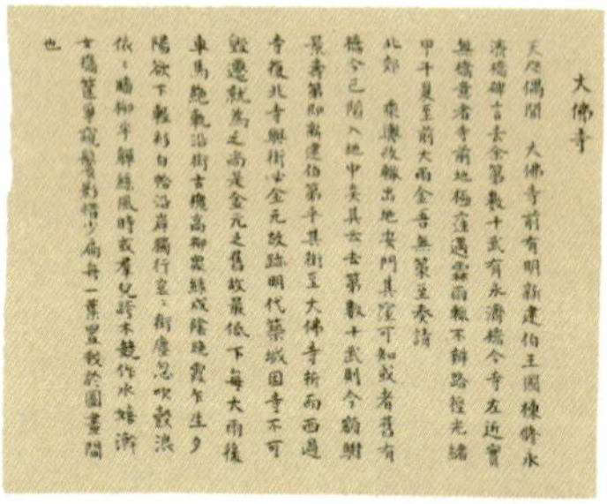

NO-028

大佛寺

日下旧闻
普德寺俗呼大佛寺建置岁月无碑记可考

创作于

1950 年 1 月 26 日

章可先生考

《天咫偶闻》：大佛寺前，有明新建伯王国栋修永济桥碑，言："去余第数十武有永济桥"。今寺左近实无桥，意者寺前地极洼，遇霖雨辄不辨路径。光绪甲午夏至前大雨，金吾无策，至奏请北郊乘舆，改辙出地安门，其洼可知。或者旧有桥今已陷入地中矣。其云去第数十武则今额驸景寿第，即新建伯第乎？其街至大佛寺折而西，过寺复北，寺与街必金元故迹。明代筑城，因寺不可毁，迁就为之，尚是金元之旧，故最低下，每大雨后，车马绝轨。沿街古槐高柳，众绿成荫，晚霞乍生，夕阳欲下，轻衫白帢，沿岸独行，衮衮街尘，忽吹縠浪，依依墙柳，半弹丝风，时或群儿跨木竞作水嬉，浣女携筐，争窥鬓影，惜少扁舟一叶，置我于图画间也。

《日下旧闻考》：普德寺俗呼大佛寺，建置岁月无碑记可考。

整理者注

① 清光绪甲午即公元 1894 年，为光绪二十年。

② 大佛寺其故址在今东城区美术馆后街（原名大佛寺西大街）路北，创建年代无考，山门额上石匾"敕赐护国普法大佛寺"。前殿为天王殿 3 间，中为接引殿、东西配殿各 5 间，后殿为观音殿 5 间。中殿前有石碑两座，一为"皇帝重建大佛寺碑"，另一碑为"集善粥厂子碑"。民国时期，大佛寺东配殿改为佛经流通处（卖佛经），寺内庭院变成练武场。1957 年，寺庙被拆除。现仅存一大殿及东西配殿。

NO-027

NO-028

NO-029

隆福寺正殿石栏

创作于

1950 年 3 月 15 日

章可先生考

隆福寺在东四牌楼北隆福寺胡同，月逢九、十日庙市，门殿五重，正殿石栏，犹南内翔凤殿中物。今则日供市人之摸抚，游女之依凭。且百货支棚，绳索午贯，胥于是乎。在斯栏亦不幸而寿矣。

右节录《天咫偶闻》。

《蕺园杂记》：京师巨刹大兴隆、大隆福二寺，为朝廷香火院，余皆中官所建。

一九五三年末建立市场拆毁石栏。

整理者注

隆福寺坐落在东城区东四北大街西侧隆福寺街路北，始建于明代景泰三年（1452 年），清朝雍正九年重修。隆福寺在明代是京城唯一的番（喇嘛）、禅（和尚）同驻的寺院，清代成为完全的喇嘛庙。隆福寺曾是朝廷的香火院之一，成为京师著名的大庙会。因其坐落在东城，与西城的护国寺相对，隆福寺亦称东庙，护国寺又叫西庙。隆福寺庙会旧历每月逢一、二、九、十开庙，1930 年改用阳历一、二、九、十开庙。《北京竹枝词》中说，当年庙会全盛时期“一日能消百万钱”。

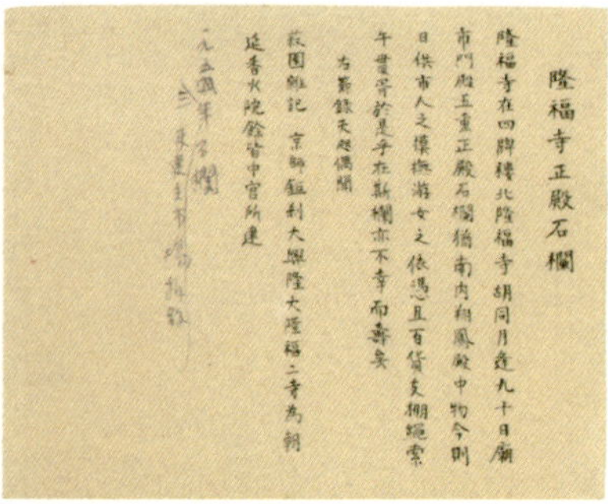

隆福寺正殿石欄

隆福寺在四牌樓北隆福寺胡同月逢九十日廟
市門殿五重正殿石欄猶南内翔鳳殿中物今則
日供市人之摸撫游女之依憑且百貨支棚繩索
午貫胥於是乎在斯欄亦不幸而壽矣

右節錄天咫偶聞

蕺園雜記 京師鉅刹大興隆大隆福二寺為朝
廷香火院餘皆中官所建

馬神廟 朝陽門內
無山門呂祖殿東向臨街
影壁榜日馬神廟

NO-030

马神庙

创作于

1953 年 9 月 26 日

章可先生考

马神庙，朝阳门内。无山门，吕祖殿东向，临街。殿前影壁榜日：马神庙。

整理者注

① 相传每年六月二十三日这一天是马神的生日，要到马神庙祭祀，清代《燕京岁时记 · 祭马王》称：“马王者，房星也。凡营伍中及蓄养车马人家，均于六月二十三日祭之。”

② 马神庙今无存。

内城东部

NO-029

NO-030

关帝庙

创作于

1953年10月10日

章可先生考

关帝庙，朝阳门内南沟沿。

门榜曰：古刹双马关帝庙，康熙十七年。今为人家，山门下半杜塞，上半改为窗，又在门两旁辟大窗。

整理者注

① 双马关帝庙故址在朝阳门内北大街南门仓胡同东口内路北，《北平研究院北平庙宇调查资料汇编（内三区卷）》中有载。南沟沿胡同位于东城东部，"文革"时曾改为红小兵胡同，与豆嘴胡同南口交接，结合点就是双马关帝庙。解放以后双马关帝庙一度作为塑料四厂使用，该庙已无存。

② 清康熙十七年即公元1678年。

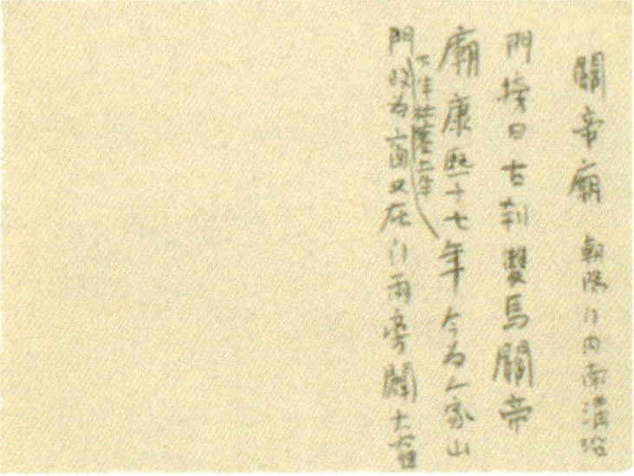

地藏禅林

创作于

1953 年 9 月 26 日

章可先生考

地藏禅林，朝阳门大街345 号。

山门额题：重修地藏禅林，大清光绪壬午年□□、□□募化。

前殿盖祀关羽，匾题：布昭圣武。木联曰：万古忠贞昭日月，千秋义气壮山河。

整理者注

① 光绪壬午年即公元1882 年。

② 地藏禅林旧址在朝阳门北小街路口以东路南位置，今无存。

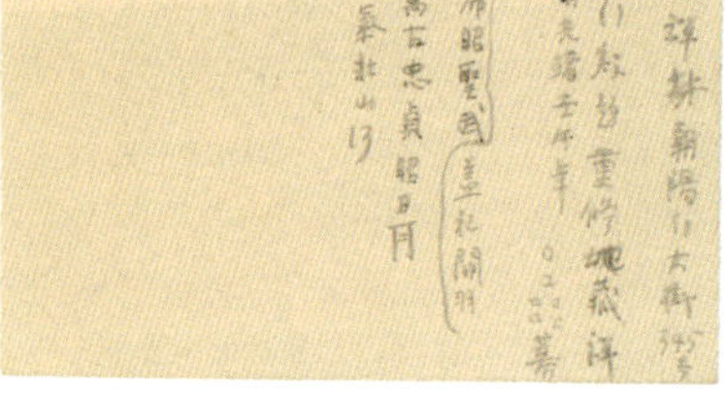

NO-033

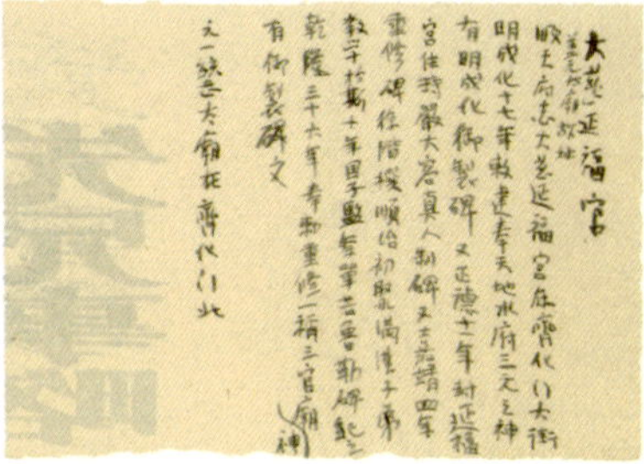
大慈延福宫
盖元太庙故址
顺天府志大慈延福宫在齐化门大街
明成化十七年敕建奉天地水府三元之神
有明成化御制碑 又正德十一年封延福
宫住持严大容真人制碑 又嘉靖四年
重修碑 徐阶撰 顺治初聚满汉子弟
教学于斯 十年国子监祭单若鲁勒碑纪之
乾隆三十六年奉敕重修 一称三官神庙
有御制碑文
元一统志太庙在齐化门北

大慈延福宫

章可先生考

大慈延福宫，盖元太庙故址。

《顺天府志》：大慈延福宫在齐化门大街，明成化十七年敕建，奉天地水府三元之神，有明成化御制碑。又正德十一年封延福宫住持严大容真人制碑。又嘉靖四年重修碑，徐阶撰。顺治初聚满汉子弟教学于斯，十年，国子监祭单若鲁勒碑纪之。乾隆三十六年奉敕重修，一称三官神庙，有御制碑文。

《元一统志》：太庙在齐化门北。

整理者注

① 明成化十七年即公元 1481 年。
正德十一年即公元 1516 年。
嘉靖四年即公元 1525 年。
清顺治十年即公元 1653 年。
乾隆三十六年即公元 1771 年。

② “大慈延福宫在齐化门大街”应为“大慈延福宫在齐化门大街北”。
“国子监祭单若鲁勒碑纪之”应为“国子监祭酒单若鲁勒碑纪之”。

③ 大慈延福宫在今东城区朝阳门内大街 223 号，是一座道教宫观。于明成化十七年（1481 年）奉旨敕建，名大慈延福宫，又因庙中祀天、地、水三神，故俗称为三官庙，嘉靖四年（1525 年）重修。清顺治初年曾聚满汉子弟于此教学。乾隆三十六年（1771 年）又重修，并规定每年元旦开庙进香，开张庙会。庙会中多为估衣摊，故庙内胡同又名估衣街。民国时期，庙前修筑道路，庙会改在庙旁。1990 年大慈延福宫建筑被定为北京市重点文物保护单位。大慈延福宫内天、地、水三官坐像及文、武侍臣立像 12 尊，被移入作为市文物局仓库的智化寺内，后因修复智化寺，又将神像移至朝阳门外东岳庙，陈列在育德殿内。

内城东部

NO-033

NO-034

成寿寺

创作于

1953 年 8 月 18 日

章可先生考

成寿寺，内一区椿树胡同 19 号。

《宸垣识略》：成寿寺在成清坊椿树胡同，明成化间内监夏时建。时有弟，诏封翊教禅师，（敕）住此寺，有敕建碑。

《顺天府志》：成寿寺在澄清坊，（内）有敕建碑。

整理者注

成寿寺故址当在今东城区东四南大街柏树胡同（原椿树胡同）21 号，是一座汉传佛教寺院，明代成化元年（1465 年）司礼监太监夏时出资所建，嘉靖时扩建后为京师名刹之一。寺坐北朝南，主要建筑有山门、三世皇殿、毗卢殿、后殿。东配殿是关帝殿，西配殿是观音殿，西部还有多个跨院，规模很大。1988 年拆除，建成松鹤大酒店，前门在灯市口大街 88 号，现名是天伦松鹤大酒店。成寿寺内的皇帝敕谕碑被运到东城区文化文物局（时在西总布胡同 27 号）院内保存。该碑为成寿寺庙产四至碑，立于明朝正德二年（1507 年）。

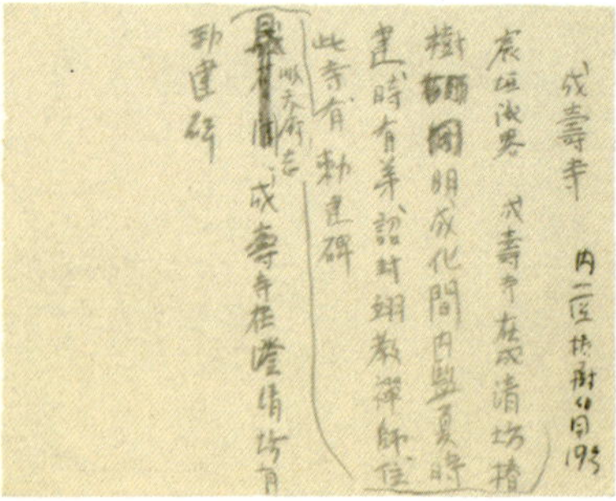

NO-035

智化寺

创作于

1953 年 10 月 24 日

NO-034

NO-035

智化门 智化寺内

整理者注

智化寺在朝阳门南小街禄米仓胡同东口内路北5号。明正统八年(1443年)年，太监王振所建之家庙。王振是明代“土木之变”的祸首，也是明代第一个弄权的宦官。“土木之变”以后，王振被株连九族，智化寺系假名“敕建”而不曾籍没。英宗复辟后，在此为王振立祠塑像以示追念。该寺占地面积6000平方米，为全国重点文物保护单位。

土地祠

创作于

1953 年 10 月 3 日

章可先生考

土地祠，干面胡同。

未知建于何时，今为烧饼油条店。

《菽园杂记》：天顺间，太监曹吉祥、忠国公石亨用事，势焰炙手可热。干面胡同一卖饼小家女，美而艳，都督石彪欲娶为妾，父母乐从之，女独不肯，乃已。未几，石氏败，彪弃市。

《顺天府志》：吴达海或作务大海，显祖孙，诚毅贝勒穆尔哈齐四子（也），以功封，追谥襄敏。

喀拉沁王府在干面胡同，非赐第也，不常居。

整理者注

干面胡同在东城区东四南大街东侧。

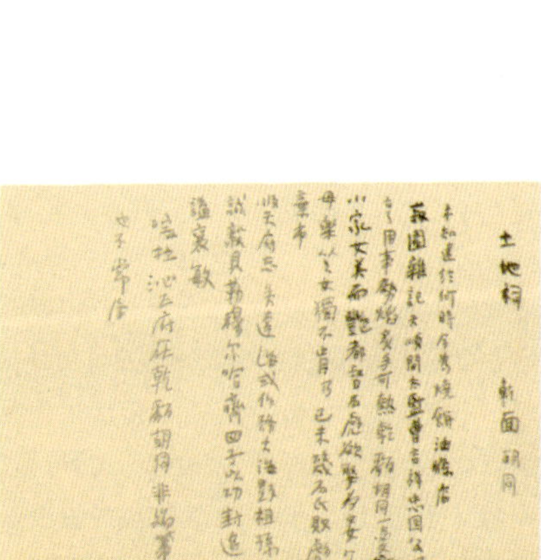

贤良寺

创作于

1953 年 8 月 27 日

章可先生考

贤良寺，内二区冰渣胡同。

《宸垣识略》：贤良寺在东安门外帅府胡同，雍正十二年建。本怡贤亲王故邸，舍地为寺，赐名贤良。乾隆二十年移建于冰盏胡同。有世宗御制碑暨今上御书“心经塔碑”。

整理者注

① 清雍正十二年即公元 1734 年。乾隆二十年即公元 1755 年。

② 冰渣胡同现已不存。

③ 贤良寺故址在今王府井大街迤东金鱼胡同中段路南位置，清朝时贤良寺因为临近皇宫，许多外省官吏进京述职多居于此，像曾国藩、李鸿章、左宗棠、张之洞等进京都寄住于此，是内城中一座著名寺院。民国时在配殿设有民众小学校，寺庙还有僧众。建国后，贤良寺的大部分建筑被拆除。

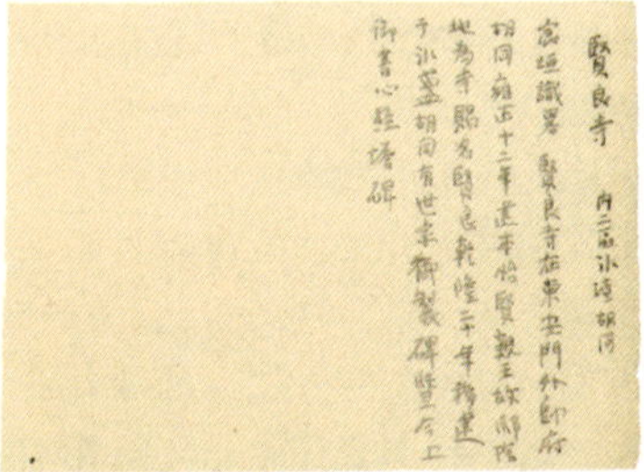

双松寺

创作于

1953年8月30日

章可先生考

双松寺，内一区大雅宝胡同五十八号，不知建在何年。

《顺天府志》：雅宝本作哑巴士胡同。

整理者注

双松寺故址在今东城区金宝街东口内。二十一世纪初，金鱼胡同东口至大雅宝胡同东口开辟为金宝街，大小雅宝路均撤销。双松寺为智化寺下院，又称双松堂，修建于清光绪二十四年（1898年）。

NO 040

双松寺（疑似）

创作于

1953 年 8 月 30 日

NO-041

火德真君庙

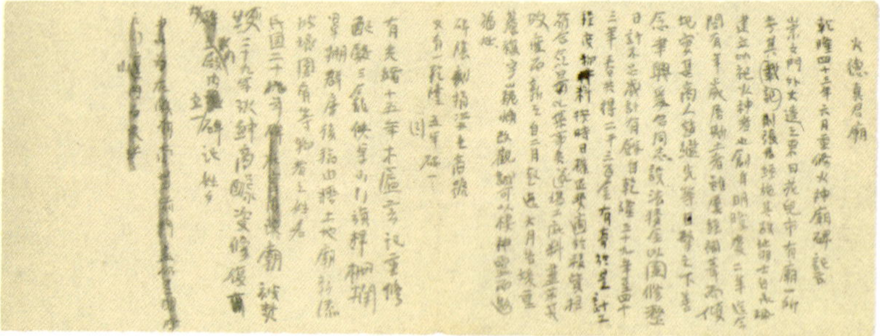

创作于

1953 年 8 月 18 日

章可先生考

乾隆四十三年六月《重修火神庙碑记》云：崇文门外大逵之东曰花儿市，有庙一所，考其记载则张君经施，其故址羽士白承珮建立，以祀火神者也。创自明隆庆二年，迄今阁有年岁，居斯土者，虽屡经补葺而倾圮实甚。商人赵继先等目击之下，善念聿兴，爰合同志设法积金，以图修整。日计不足，岁计有余，自乾隆三十九年至四十三年春，共得二千三百金有奇。于是计工程度物料，按时日权匠费，适于积赀相符合，佥曰可以集事矣。遂鸠工庀料，尽革其故，广而新之，自二月起迄六月告竣，重檐复宇，巍焕改观，诚可以栖神灵而邀福址。

碑阴刻捐资之商号。

又有一乾隆五年碑一。

有光绪十五年木匾二，云记重修配殿三龛供桌、山门、旗杆、栅栏、罩棚、群房后稿山墙，土地庙、新添玻璃、围屏等物者之姓名。

民国二十九年，庙被焚毁。二十九年秋，绅商醵资修复，殿内立一碑记姓名。

整理者注

明隆庆二年即公元 1568 年

清乾隆三十九年至四十三年即公元 1774—1778 年。

清乾隆五年即公元 1740 年。

光绪十五即公元 1889 年。

民国二十九年即公元 1940 年。

内城东部

NO-040

NO-041

NO-042

火神庙（疑似）

创作于

1953 年 8 月 18 日

整理者注

按日期推测，其位置当在东单东火神庙一带。有一龙纹碑头石碑，应为敕建庙宇。

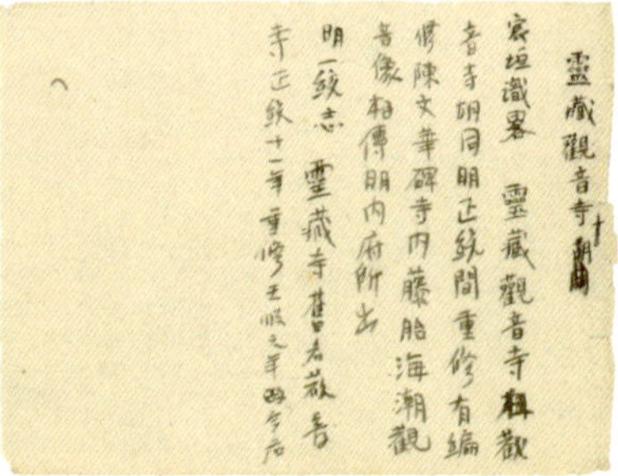
靈藏觀音寺

宸垣識畧 靈藏觀音寺在觀音寺胡同明正統間重修有編修陳文華碑寺內藤胎海潮觀音像相傳明內府所出

明一統志 靈藏寺舊名觀音寺正統十一年重修天順元年改今名

NO-043

灵藏观音寺

创作于

1953 年 8 月 18 日

章可先生考

《宸垣识略》：灵藏观音寺在观音寺胡同，明正统间重修，有编修陈文华碑。寺内藤胎海潮观音像，相传明内府所出。

《明一统志》：灵藏寺旧名观音寺，正统十一年重修，天顺元年改今名。

整理者注

① 灵藏观音寺故址当在今东城区贡院西观音寺胡同，即今建国门内大街北侧大约中国妇女儿童博物馆位置，明朝时为“观音寺胡同”之所在，因胡同内有观音寺而得名。观音寺建于明朝初年，又称“灵藏寺”，明朝正统十一年（1446 年）、天顺元年（1457 年）重修。清朝宣统年间，该胡同分称“东观音寺”“西观音寺”。该寺遗址已无存。

② 明正统十一年即公元 1446 年，天顺元年即公元 1457 年。

NO-042

NO-043

NO.044

永安宫

创作于

1953 年 8 月 18 日

章可先生考

《日下旧闻考》：高工部道素，初名斗光，万历丙辰，公车入都，乞梦于泡子河吕公堂，梦黄冠告之曰：“君与高斗光同年。”答曰：“是吾名也。”黄冠曰：“君乃是高道素。”寤而异之，遂更名。后三年己未榜发中第三十六名，其同榜第九十名为高斗光，山东嘉祥人也。

《宸垣识略》：吕公堂在泡子河东，明成化年建，嘉靖中锦衣千户陆桧新之。万历甲寅赐名护国永安宫，有顾秉谦碑。

吕公堂以乞梦有验，岁大比，诸士子争往焉。

泡子河吕公祠后有物，白气竟丈，夜游水面，人或见之，则倒入水，作鼓桨声，或曰水挂也。

明葛一龙《秋夜同武仲宿吕公堂》诗：草木自烟翳，居廛水半周。帝城偏一角，仙路入高秋。月晒地霜起，风翻天汉流。相期同襆被，清极梦难游。

《天咫偶闻》：吕公堂在观象台之南，泡子河东岸。自昔久著灵异，春秋闱士子祈梦者最多。今梦榻尚存，而祈者鲜矣。但祈方药者甚多，门外卖菜人王姓以此致富。壬辰春闱。余假馆其家……（见卷二 24）。

整理者注

① 明万历丙辰年即公元 1616 年（万历四十四年）。

万历甲寅年即公元 1614 年（万历四十二年）。

② 永安宫故址当在今东城区建国门南泡子河东巷附近，其位置在泡子河东岸，建于明成化初年（1465 年），叫吕公堂。后来万历皇上赐名，改叫护国永安宫。到了崇祯年间又改回来，叫吕公祠。祠内供着唐末道士、全真道五祖之一——吕洞宾，民国时曾为小学校。

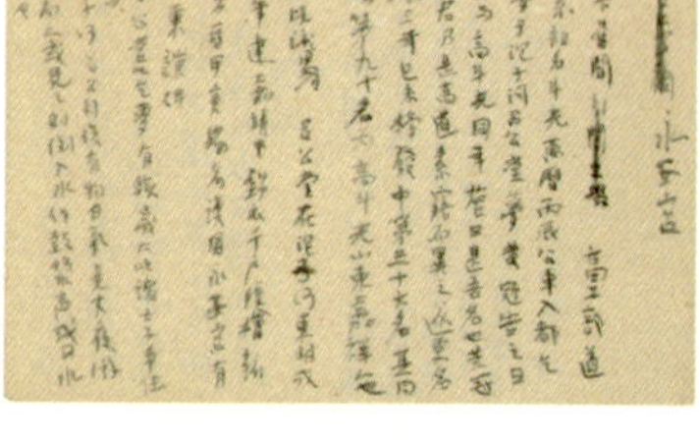

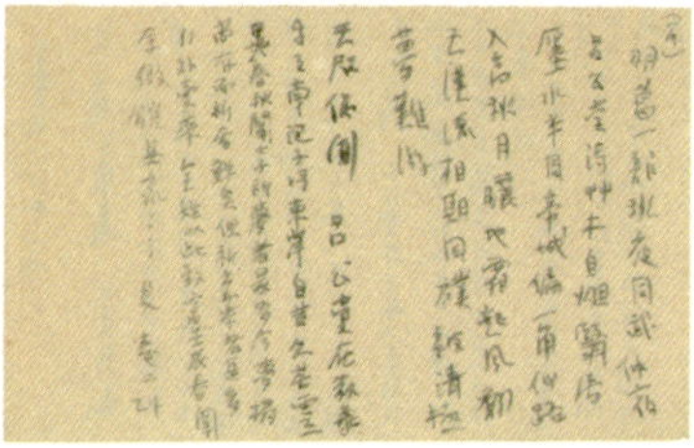

内城东部

NO-044

NO-001

善果寺（一）

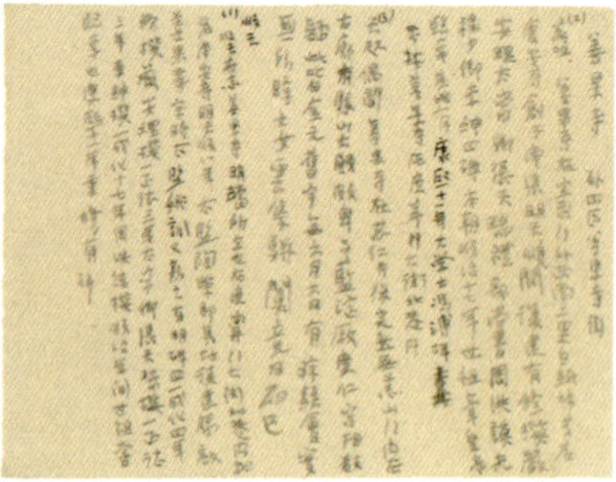

创作于

1953年9月26日

章可先生考

善果寺，外四区善果寺街。

《顺天府志》：善果寺明珰立也。在广宁门大街北巷内，初名唐安寺。明天顺八年太监陶荣即其址复建，赐额“善果”。孝宗时，太监姚训又新之，有明碑四：一成化四年修撰严安理撰，一正德三年太常卿张天瑞撰，一正德三年李绅撰，一成化十七年周洪谟撰。顺治年间，世祖尝临幸也。康熙十一年重修，有碑。

《宸垣识略》：善果寺在宣武门外西南二里白纸坊，旧名唐安寺，创于南梁，明天顺间复建，有修撰严安理、太常卿张天瑞、礼部尚书周洪谟、光禄少卿李绅四碑。本朝顺治十七年，世祖章皇帝临幸其地。有康熙十一年大学士冯溥碑。

考按：善果寺在广宁门大街北巷内。

《天咫偶闻》：善果寺在慈仁寺后，完然无恙。山门内左右廊有悬山大殿，颇卑，与蓝淀厂广仁宫相类。疑此皆金元旧宇。每六月六日，有晾经会，实无所晾。士女云集，骈阗竟日而已。

整理者注

① 善果寺街即今善果胡同。该寺原建规模宏大，建筑瑰丽，曾为京师名刹，顺治皇帝曾叹该寺为“京师第一胜地”。1926年“三一八”烈士、北京师大刘和珍、杨德群曾停灵善果寺。

② 明天顺八年即公元1464年，成化四年即公元1468年，正德三年即公元1508年。清顺治十七年即公元1660年，康熙十一年即公元1672年。

外城西部

NO-001

NO-002

善果寺（二）

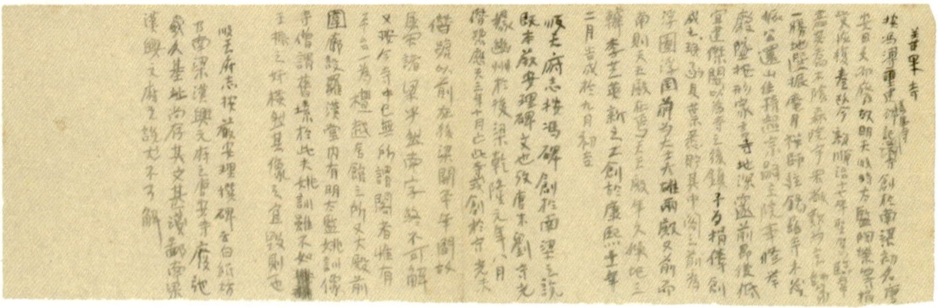

章可先生考

按冯溥《重建善果寺碑记》谓：寺创于南梁，初名唐安，日久而废。故明天顺时太监陶荣等捐赀恢复，奏改今额。顺治十七年，圣驾临幸，嘉其乔木阴森，院宇宏敞，（不杂阛阓，宛然名山，）叹为京师第一胜地，选振庵月禅师驻锡兹寺。未几，振公还山，住持超宗嗣主院事，修举废坠。按形家言，寺地深邃，前昂后低，宜建杰阁以为寺之后镇。予为捐俸创成之，琅函贝叶，悉贮其中。阁之前为浮图，浮图前为大士、大雄两殿，又前而南则天王殿在焉。天王殿岁久倾圮，三韩李芝英新之，工创于康熙十一年二月，告成于九月初吉。

《顺天府志》按：冯碑创于南梁之说，即本严安理碑文也。考唐末刘守光据幽州，于后梁乾隆（化）元年八月，僭号应天，三年十月亡。此寺或创于守光未僭号以前。在后梁开平年间，故属诸梁乎？然南字终不可解。

又按：今寺中已无所谓阁者。惟有平台一，为檀越舍馆之所。又大殿前围廊设罗汉堂，内有明太监姚训像，寺僧谓旧塚于此。夫姚训虽不如王振之奸横，然其像之宜毁则一也。

《顺天府志》按：严安理撰碑云，白纸坊，乃南梁汉兴元府之唐安寺，废弛岁久，基址尚存。其文甚浅鄙，南梁汉兴元府之说，尤不可解。

整理者注

① 善果寺，北京外八刹之一，故址在今广安门内大街路北广义街东侧善果胡同（1965 年前称善果寺街）路北。光绪二十六年（1900 年）夏，八国联军入侵北京，寺院遭到严重破坏，佛像、文物尽被侵略军捣毁、掠去，无一幸存。民国时，善果寺已颓废败落。1949 年以后，这一带进行大规模城市建设，善果寺被征用，僧人四散。1993 年山门也被拆掉，旧址上建造了居民住宅楼。至此，名刹善果寺已荡然无存，除了前边一条被命名为善果胡同的地名外，别无遗迹可觅。

② 清顺治十七年即公元 1660 年，康熙十一年即公元 1672 年。后梁乾化元年即公元 911 年。

外城西部

NO-002

NO-003

顾亭林祠

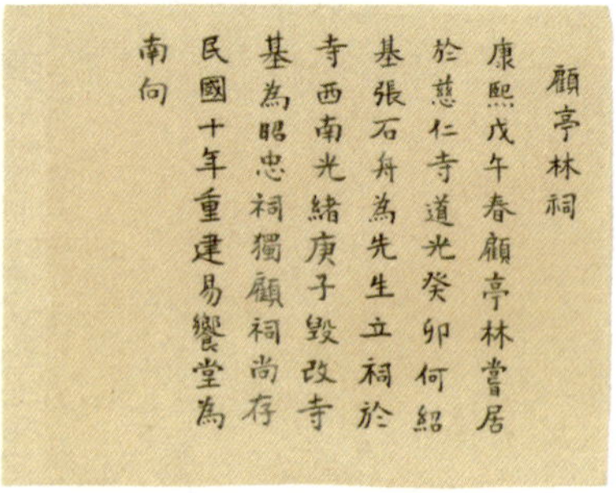
顧亭林祠
康熙戊午春顧亭林嘗居
於慈仁寺道光癸卯何紹
基張石舟為先生立祠於
寺西南光緒庚子毀改寺
基為昭忠祠獨顧祠尚存
民國十年重建易饗堂為
南向

创作于

1950 年 6 月 4 日

章可先生考

康熙戊午春，顾亭林尝居于慈仁寺。道光癸卯，何绍基、张石舟为先生立祠于寺西南。光绪庚子，毁，改寺基为昭忠祠，独顾祠尚存。民国十年重建，易飨堂为南向。

整理者注

① 清康熙戊午年即康熙十七年，公元 1678 年；道光癸卯年即道光二十三年，公元 1843 年；光绪庚子年即光绪二十六年，公元 1900 年。

② 顾亭林祠位置在广安门内大街北，报国寺前街，慈仁寺西，俗称报国寺，顾祠建于报国寺内西院，有佛殿、享堂、碑亭等建筑。顾祠曾在鸦片战争时被八国联军轰毁，后张之洞改修昭忠祠，1921 年王式通等重修。现为北京市文物保护单位。

③ 报国寺建于辽金时期，明代改称慈仁寺，清代乾隆年间重修，名“大报国慈仁寺”，现为北京市文物保护单位。

④ 顾炎武，字亭林（1613—1682 年），江苏昆山人。明末清初著名的爱国活动家和思想家。少年时参加复社，清兵南下时，参加抗清斗争。在学术上著述甚丰，著有《昌平山水记》《京东考古记》等书，具有很高的学术价值。

⑤ 何绍基（1799—1873 年），字子贞，号东洲，别号东洲居士，晚号猿叟（一作蝯叟），湖南道州（今道县）人，晚清诗人、画家、书法家。

⑥ 张石舟即张穆（1805 年 11 月 29 日—1849 年 12 月 22 日），山西平定人，近代的爱国思想家、地理学家、诗人和书法家。

外城西部

NO-003

长椿寺观音阁

创作于

1953 年 9 月 17 日

整理者注

该图所示之观音阁在长椿寺最后边，坐西朝东，为全寺最高建筑。

长椿寺（一）

整理者注

该图所示为长椿寺外街道，长椿寺坐西向东，此为寺北侧东西向夹道。

长椿寺（二）

创作于

1953 年 9 月 18 日

章可先生考

陈石遗柩曾埋在右庑地下十年之久，后安葬杭州西湖。

整理者注

① 长椿寺，故址在宣武门外长椿街 7、9、11 号。建于明万历二十年（1592 年），孝定太后奉水斋禅师居此，有米万钟水斋斋师传碑。此寺规模宏大，为明代京城巨刹。清乾隆二十年（1755 年）重修。2001 年 3 月 8 日，公布为北京市第六批文物保护单位之一。2004 年市政府有关部门对长椿寺进行了重修。

② 陈石遗即陈衍（1856—1937 年），字叔伊，号石遗老人，福建侯官（今福州市）人，近代著名文学家，代表作品《石遗室丛书》。1937 年 8 月，陈衍在福州病逝，葬于福州西门外文笔山。章可先生这里说“陈石遗柩曾埋在右庑地下十年之久，后安葬杭州西湖”似有误。

三官禅林

创作于

1953 年 9 月 24 日

章可先生考

三官禅林，外四区上斜街十二号。

门额题：民国三十一年。

整理者注

① 外四区上斜街 12 号在今宣武门外大街上斜街 27 号位置。

② 民国三十一年即公元 1942 年。

NO-008

松筠庵

创作于

1953年9月17日

章可先生考

松筠庵，外四区达智桥四十号。

《顺天府志》：松筠庵在炸子桥南，杨忠愍继盛故宅也。西偏为谏草亭，道光戊申僧心泉募建，其壁嵌忠愍谏草石刻，海盐张受之亲手摹也。今为士大夫游宴之所。

《藤荫杂记》：庵不祀佛，塐幞头神像，相沿为城隍神。乾隆丙午，杨给练寿楠、李都谏融视城，访知为杨忠愍故宅。其时曹宗丞学闵、阮司寇葵生、郑侍御徵倡议鼎新，榜曰：忠愍故宅，仍号松筠。

阮葵生《记略》云：读公年谱，嘉靖丁未年三十二，成进士，除南京吏部主事，辛亥升兵部车驾司，旋谏阻马市，廷杖谪边。壬子冬复武选司，癸丑劾嵩下狱，是先后居是宅者，仅传舍耳，而至今人心翕然，爱护保持，不忍暂辍。盖公之灵爽日在天地，虽烟云草木，一榻蘧庐，犹令人系思无穷。矧其退食休憩之所，曾焚香而修谏草者耶？

尤侗《谒杨椒山祠》诗：谏草留遗石，年年化碧痕。悲风吹古木，大鸟叫词门。青史平生事，丹楹故国恩。永陵北望在，流涕向黄昏。

整理者注

① 永陵即明世宗朱厚熜（嘉靖皇帝）之陵寝。

② 达智桥即达智桥胡同，松筠庵为明代忠臣杨继盛之旧居，又称杨椒山祠，位于今宣武门外西侧达智桥胡同12号。杨继盛（1516—1555年）字仲芳，号椒山，北直隶（今河北）容城人。嘉靖年间进士，官至兵部员外郎，触怒奸臣严嵩，受尽酷刑，被害处死。清乾隆五十二年（1781年）建立祠堂。1984年5月被公布为第三批北京市文物保护单位。

③ 清道光戊申即公元1848年（道光二十八年），乾隆丙午为公元1786年（乾隆五十一年）。明嘉靖丁未即公元1547年（嘉靖二十六年），辛亥即公元1551年（嘉靖三十年），壬子即公元1552年（嘉靖三十一年），癸丑即公元1553年（嘉靖三十二年）。

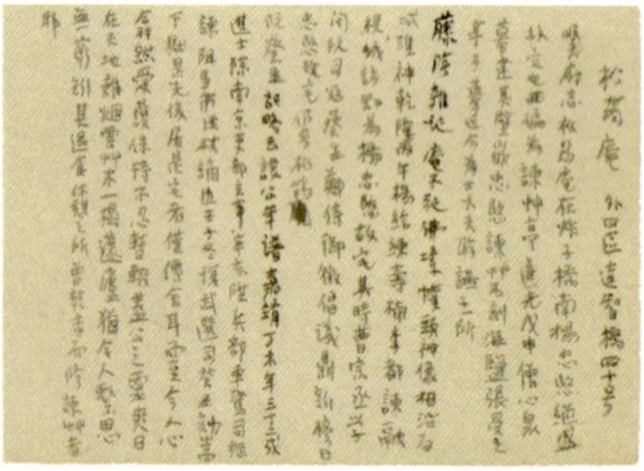

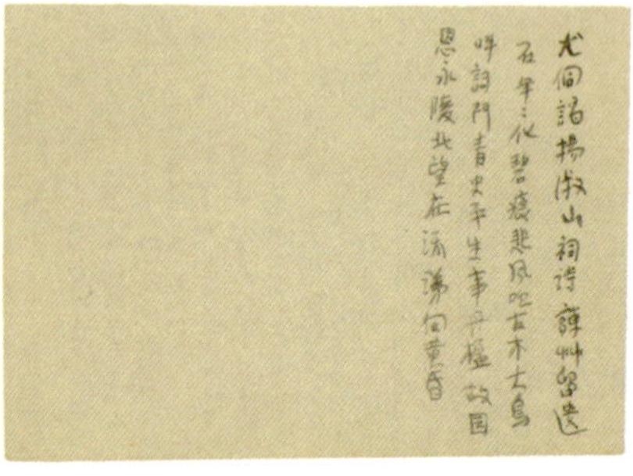

外城西部

NO-008

NO-009

玉虚观

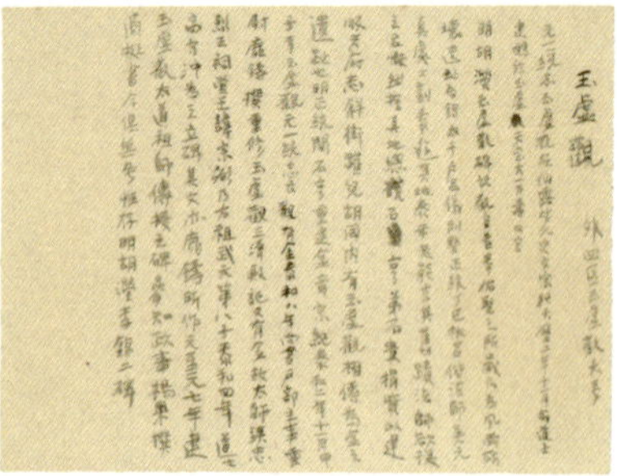

创作于

1953 年 9 月 17 日

章可先生考

玉虚观，外四区玉虚观六号。

《元一统志》：玉虚观在（旧城）仙露坊。

《元史·文宗纪》：天历二年十一月，命道士建醮于玉虚、天宝、大一（太乙）、万寿四宫。

明胡滢《玉虚观碑记》：观自昔奉佑圣之所，岁久为风雨所坏，遗址为锦衣千户吕仪别墅。正统丁巳秋，吕偕法师吴元真、处士刘泰游其地。泰年老，能言其旧迹。法师欲复之，吕慨然舍其地。总戎石亨弟石贵捐赀以建。

《顺天府志》：斜街罐儿胡同内有玉虚观，相传为金之遗址也。明正统间石亨重建。

《金章宗纪》：泰和二年十一月甲子幸玉虚观。

《元一统志》云：观有金泰和八年尚书户部主事云（骑）尉庞铸撰《重修玉虚观三清殿记》，又有金故太师梁忠烈王祠堂。王讳宗弼，乃太祖武元第八子。泰和四年，道士高守冲为之立碑，其文亦庞铸所作。元至元七年，建玉虚观太道祖师传授之碑，参知政事杨果撰，商挺书。今俱无考。惟存明胡滢、李锦二碑。

整理者注

① 此玉虚观故址当在广安门内大街北侧广安胡同以东诚实夹道（诚实胡同）。清代以前因胡同内有古刹玉虚观，故胡同及附近一带统称玉虚观，该观早已改为民居。

② 元天历二年即公元 1329 年，明正统丁巳为公元 1437 年，金泰和二年即公元 1202 年，元至元七年即公元 1270 年。

③ “《元史·文宗纪》天历二年十一月，命道士建醮于玉虚、天宝、大一、万寿四宫。”应为“《元史·文宗纪》天历二年十一月，命道士建醮于玉虚、天宝、太乙、万寿四宫。”

外城西部

NO-009

灶君庙

创作于

1953 年 10 月 4 日

章可先生考

灶君庙，内四区车子营 89（号）。

门榜：九圣关帝灶君庙，光绪十七年二月重修，铁门茶行公立。

整理者注

① “内四区”当为“外四区”。

② 光绪十七年即公元 1891 年。

③ 车子营胡同在宣武门外大街路西。

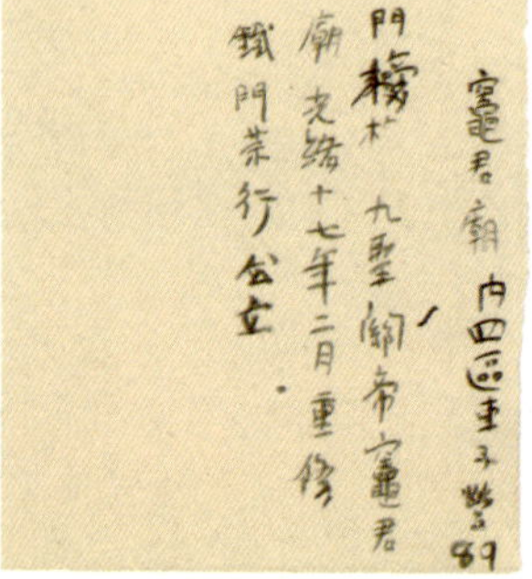

中华禅林

创作于

1953 年 9 月 26 日

章可先生考

中华禅林，外四区广安门大街 139 号。

门额题：中华禅林，中华民国甲子年四月穀旦开山住持僧泽明重修并书。

整理者注

① 民国甲子年即公元 1924 年。

② 中华禅林寺故址在广安门内大街路北，今无存。

英济堂

创作于

1953 年 9 月 24 日

章可先生考

英济堂，外四区西茶食胡同 47 号。

山门额题：重修伏魔英济堂，康熙岁次辛巳仲夏信官众善人等立。

整理者注

① 西茶食胡同原在宣武门外路东，现无存，其故址约在今庄胜广场北部位置。

② 章可先生所谓“外四区”当为“外二区”清康熙辛巳即公元 1701 年。

③ 伏魔英济堂供奉的应是关公。因为关羽在南宋孝宗淳熙十四年（1187 年）被封为“壮缪义勇武安英济王”；元文宗天历元年（1328 年）被封为“显灵义勇武安英济王”；又被称为“三界伏魔大帝”。

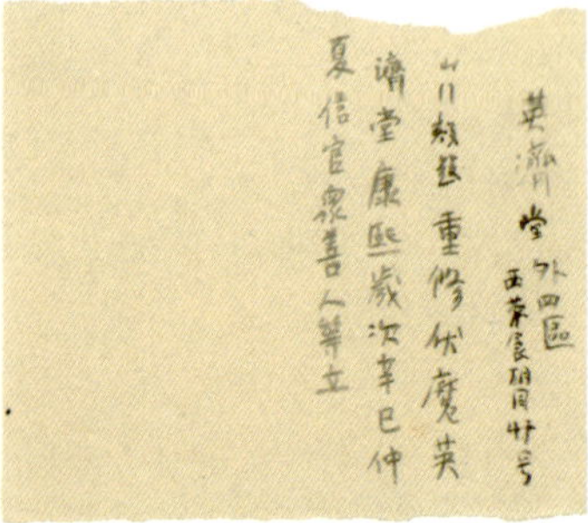

北极庵

创作于

1953 年 9 月 16 日

章可先生考

北极庵，外二区北极庵一号。

《顺天府志》：北极庵祀元帝，有明万历间朱之蕃碑。有凤翔会馆。

今匾题：北极禅林，民国九年五日，住持僧德峰重修，陇右范振绪敬书。

整理者注

① 北极庵后称北极巷，位于和平门外琉璃厂西街西北方。北起海柏胡同，南至东椿树胡同。因北极庵得名。该巷清时称北极庵。民国时称北极庵胡同。今已不存在。

② 北极庵建于明万历年间。奉祀玄武大帝。民国时调查属私人建，有房屋二十二间。今庙已不存。

③ 民国九年即公元 1920 年。“民国九年五日”编者疑“日”应为“月”字。

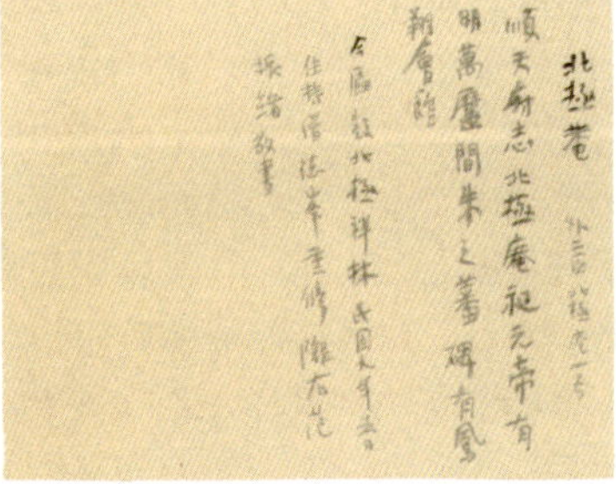
北極庵　外二区北極庵一号
順天府志北極庵祀元帝有
明萬曆間朱之蕃碑有鳳
翔會館
今匾額北極禅林　民國九年五日
住持僧德峰重修　隴右范
振緒敬書

天仙庵

创作于
1953 年 8 月 5 日

章可先生考

天仙庵（宣外）。
庵在棉花九条胡同，比丘尼居之。（《宸垣识略》）

整理者注

① 经查，《宸垣识略》无此记载，应为《顺天府志》。

② 中国第一历史档案馆《清末北京外城寺庙调查表》（光绪三十二年即 1906 年）中有载：“地址：棉花九条，名称：天仙庵，门牌号数：10 号，住持人名：性空，僧道尼：尼，服役人数：，寄居人：，总人数：1，赁居住户：2，赁居铺户：3”，今无。

③ 故址在宣武门外骡马市大街北侧今棉花九条西口内路北位置。

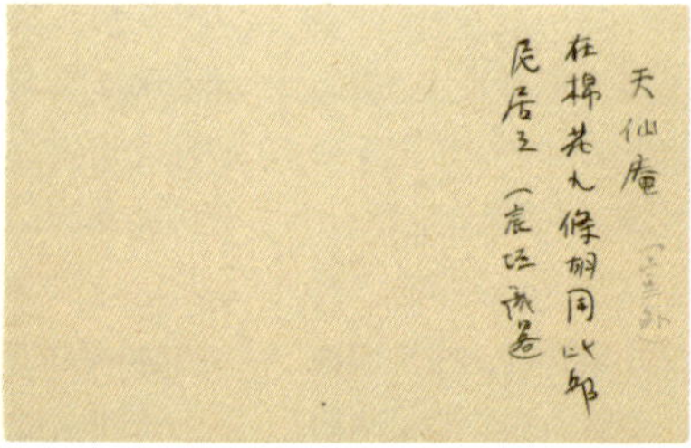

吕祖祠

创作于
1953 年 8 月 29 日

章可先生考
吕祖祠，厂甸二号。
碑额题：万善同归，道光三十年十月。

整理者注
① 道光三十年即公元 1850 年。
② 厂甸是南新华街路东一条小胡同。元代在此设窑烧制琉璃瓦，故名琉璃厂厂甸。一般的庙会大都是以庙宇的名称命名，厂甸庙会的庙宇有三座，即火神庙、吕祖祠、土地祠三座小庙，现在这三座庙都已改作他用或被拆除了。
③ 吕祖祠在今西城区南新华街北部东侧厂甸胡同 7 号，明代建造，是琉璃厂烧窑师傅祭拜祖师爷的地方，官府修建，保佑能烧出好琉璃瓦。吕祖祠坐北朝南，大殿和东配房保存完整，西配房和大门已拆，院内有一石碑，大殿绿琉璃瓦，带有琉璃正脊和垂脊，吕祖祠已成民居。

五道庙

创作于

1953 年 8 月 28 日

章可先生考

五道庙，外二区李铁拐斜街西头五道庙街，万历三十五年七月建。

《宸垣识略》：五道庙在虎坊桥东北。

考按：五道庙旁有玉帝殿，明兵部尚书新城王象乾撰记立石。以斯地为正阳、宣武二门龙脉交通之地，因括其意，名其碑曰交龙碑。

整理者注

① 明万历三十五年即公元 1607 年。

② 李铁拐斜街即今西城区南新华街迤东，五道庙街今名五道街。五道庙供奉的是道教中的五道神。五道神也称五道大神、五道真君、五道将军、五道老爷，民间俗称五道爷，是一个神话中的职位名称，并非五个神祇。五道神是唐朝至五代时期开始在民间信仰中广为流传的冥界神灵，一般认为与泰山府君，也就是东岳大帝，还有阎罗王司职相近。今西城五道庙还在，有二层后罩楼一座。

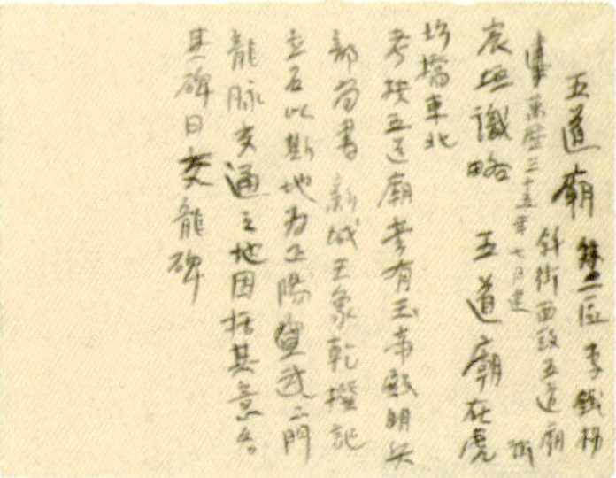

灵鹫寺

创作于

1953 年 8 月 3 日

整理者注

灵鹫寺故址在和平门外延寿寺街（又称延寿街）茶儿胡同 8 号。创建于明正德元年（公元 1506 年），因西域灵鹫山为佛常居之地，故而称之灵鹫寺，为西山大觉寺下院。内有铸钟一，高三尺，造于明宣德年间。

《北京天寺庙历史资料 · 1928 年北平特别市寺庙登记》称其建于明正德年间，《北京寺庙历史资料 · 1936 年第一次寺庙总登记》载其坐落在延寿寺街茶儿胡同 32 号。嘉庆二十年重修，属私建。本庙面积七分九厘，房屋二十七间半。《宣南寺庙志略》称，早已成为居民住宅，仅从大门处可以看到寺庙遗迹。2014 年再修，仅余大门正上方匾额，上书："重修灵鹫寺"。上款："咸丰戊午年菊月"，下款："住持宝珍叩募"，咸丰戊午年菊月是公元 1858 年农历九月。

灵鹫寺附近

创作于
1953 年 8 月 3 日

赵公祠

创作于

1950 年 7 月 21 日

章可先生考

明御史赵譔祠在悯忠寺西。崇祯甲申殉难，墓在祠后。乾隆年间，谥忠愍。

整理者注

① 崇祯甲申年即明崇祯十七年（1644 年），李自成攻入明朝都城北京，明朝灭亡。

② 悯忠寺即今法源寺，位于西城区（原宣武区）广安门内大街廼南教子胡同东侧的法源寺前街，为中国佛教协会、中国佛教图书馆的所在地。赵公祠其故址在今法源寺前街 11 号。

③ 赵譔，云南人，明崇祯年间御史，李自成农民军攻入京城，赵譔自尽，死于白帽胡同。后滇人立祠祀之，称“赵公祠”，后改为云南会馆，是为西馆。兹查，白帽胡同应系明清名称，民国以来迄今均无此名。今赵公祠已不复存在。

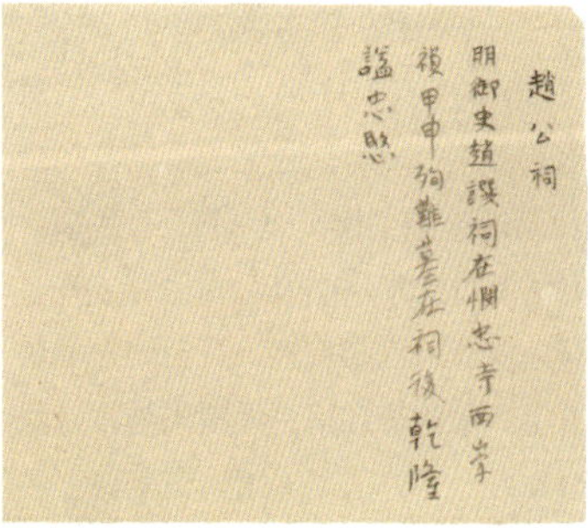
趙公祠
明御史趙譔祠在憫忠寺西崇
禎甲申殉難墓在祠後乾隆
謚忠愍

NO-020

水月禅林

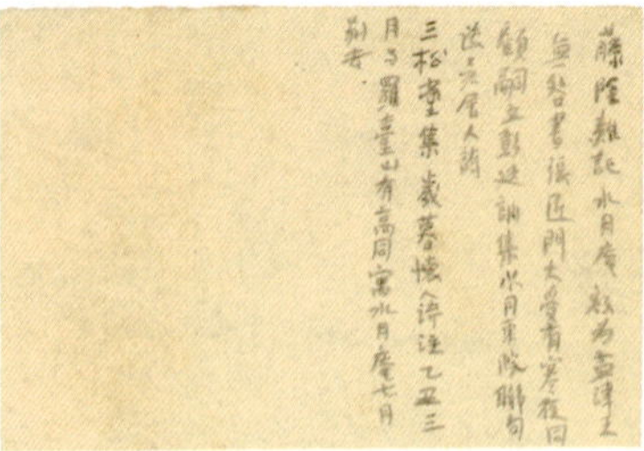

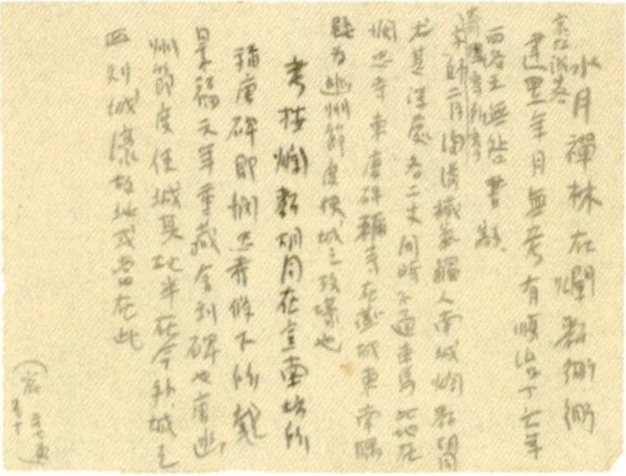

创作于

1951 年 2 月 10 日

章可先生考

水月禅林，在烂面胡同。

《宸垣识略》：建置年月无考，有顺治十六年西洛王无咎书额。

《寄园寄所寄》：京师二月淘沟，秽气触人，南城烂面胡同尤甚，深处各二丈，开时不通车马。此地在悯忠寺东，唐碑称寺在燕城东南隅，疑为幽州节度使城之故壕也。

考按：烂面胡同在宣南坊，所称唐碑，即"悯忠寺条"下所载景福元年重藏舍利碑也。唐幽州节度使城，其址半在今外城之西，则城壕故址，或当在此。

《藤荫杂记》：水月庵，额为孟津王无咎书，张匠门大受有《寒夜同顾嗣立彭廷训集水月东院联句送吴舍人》诗。

《三松堂集·岁暮怀人诗》注：乙丑三月，与罗台山有高同寓水月庵，七月别去。

整理者注

① 清顺治十六年即公元 1659 年。

② 《三松堂集》作者潘奕隽（1740—1830 年），字守愚，号榕皋，一号水云漫士，晚号三松老人，江苏吴县人。乾隆三十四年进士，官户部主事。书法宗颜真卿、柳公权，篆、隶入秦、汉之室。山水师倪瓒、黄公望，不苟下笔。写意花卉梅兰尤得天趣，诗跋俱隽妙。《中国美术家人名辞典》中有载。

③ 水月禅林又称水月庵，故址当在今广安门内大街烂缦胡同路西，烂缦胡同原叫烂面胡同，北京古老的胡同之一，在《燕都丛考》里有"烂面胡同亦作懒眠"的记载。位于菜市口地区，是一条南北走向的胡同，今已不复存在。

外城西部

NO-020

观音庵

创作于

1953年10月7日

章可先生考

观音庵，外四区兵马司前街八号。

山门有匾题：道光十年立，道光庚寅年重修。

《顺天府志》：明南城兵马司，疑当在兵马司前街。

《有正味斋日记》：乾隆癸丑十月，徙寓兵马司前街。

《洪北江年谱》：嘉庆元年二月，僦寓兵马司前街。

《尚絅学诗集》：《围炉集序》时寓宣武坊之兵马司前街。

整理者注

① 清道光十年即公元1830年，乾隆癸丑即公元1793年，嘉庆元年即公元1796年。

② 兵马司前街1965年改称前兵马街，在广安门内南横东街北侧，建于清乾隆年间，属私建尼庙，今已无。

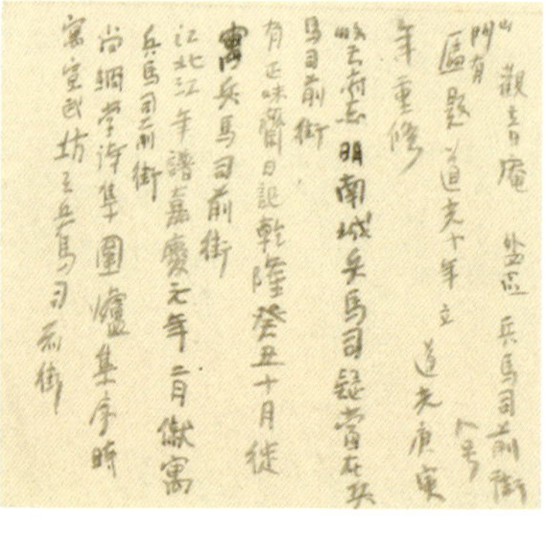
觀音庵　外四區　兵馬司前街八号
山門有匾題　道光十年立　道光庚寅年重修
順天府志　明南城兵馬司疑當在兵馬司前街
有正味齋日記　乾隆癸丑十月徙寓兵馬司前街
洪北江年譜　嘉慶元年二月僦寓兵馬司前街
尚絅学詩集　圍爐集序時寓宣武坊之兵馬司前街

福庆寺

章可先生考

福庆寺，粉房琉璃街。

门榜：同治甲戌四月穀旦住持僧昌安叩化。

整理者注

① 清同治甲戌年即公元1874年，为同治十三年。

② 粉房琉璃街故址在今宣武门外骡马市大街南侧北口内路东，明初成街称粉房刘家街，当系做粉条的刘家住此。清初称粉坊街。清末改今名。有福庆寺住持承嗣碑建于民国二十五年（1936年）6月24日。福庆寺已无存。

响鼓庙

创作于

1953 年 11 月 2 日

章可先生考

响鼓庙，外五区响鼓庙街一号。

门额榜日：咸丰十一年重修。

《宸垣识略》：响鼓庙在崇兴寺南，亦古刹也。踞高阜，前后神宇各三楹，有万历间磬一。

整理者注

① 响鼓庙故址在今原宣武区门外骡马市大街粉房琉璃街东响鼓胡同。

② 清咸丰十一年即公元 1861 年。

五圣庵

创作于

1951 年 3 月 18 日

章可先生考

五圣庵，外五区前门外仟儿路。

明建，雍正年重修，改称禅林。民国十一年又重修。

《顺天府志》：仟儿胡同，阡或作拴。

整理者注

① 民国十一年即公元1922 年。

② 五圣庵故址在今珠市口西大街阡儿胡同南口内路西。1919 年 8 月，因市政公所开辟马路拆去 28 间。该庙房除自住 2 间外，其余 20 余间无代价供给私立国华小学使用。解放后，国华小学由人民政府接管，改称阡儿路小学，后为腊竹小学。今无。

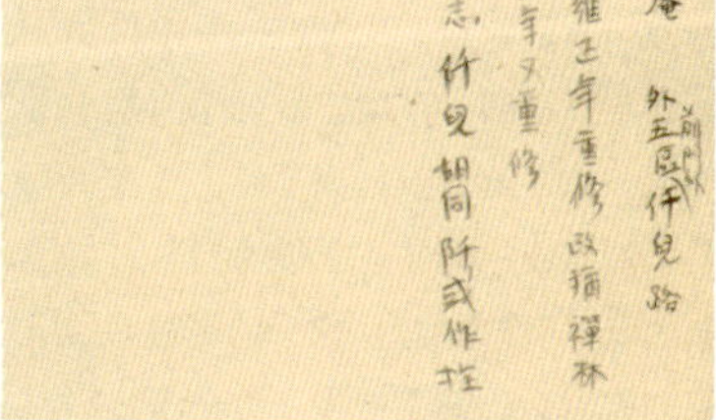
五聖庵 外五區前門外仟兒路
明建 雍正年重修 改稱禪林
民国十一年又重修
順天府志 仟兒胡同 阡或作拴

NO-025

万寿西宫

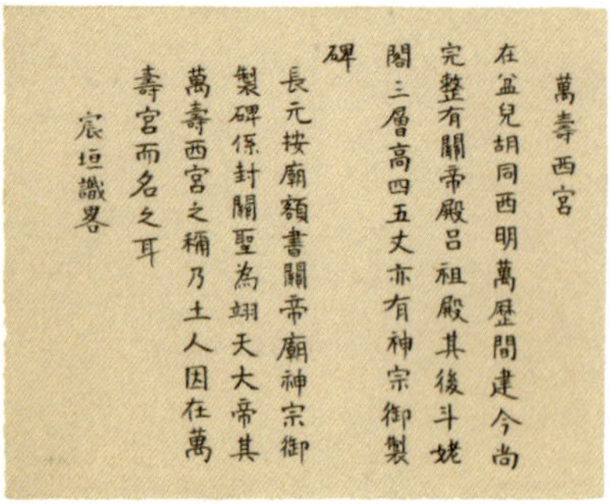
萬壽西宮
在盆兒胡同西明萬歷間建今尚
完整有關帝殿呂祖殿其後斗姥
閣三層高四五丈亦有神宗御製
碑
長元按廟額書關帝廟神宗御
製碑係封關聖為翊天大帝其
萬壽西宮之稱乃土人因在萬
壽宮而名之耳
宸垣識畧

创作于

1950 年 3 月 11 日

章可先生考

万寿西宫在盆儿胡同西，明万历间建，今尚完整。有关帝殿、吕祖殿。其后斗姥阁，三层，高四五丈。亦有神宗御制碑。

长元按：庙额书关帝庙；神宗御制碑，系封关圣为翊天大帝。其万寿西宫之称，乃土人因在万寿宫西而名之耳。《宸垣识略》。

整理者注

万寿西宫其故址当在西城区右安门内白纸坊东街，万寿公园西侧，原为明代关帝庙遗址，建于明万历八年（1580年），名曰：宏仁万寿宫，为道教式建筑。万寿宫分东西两院，东院在盆儿胡同东侧，叫万寿东宫，宫院内设有文昌殿，殿中供奉着文昌神像，即文曲星，是主宰功名利禄的神祇。旧时京城南部会馆较多，各地赴京赶考的举子们常到万寿宫进香，求拜文曲星君，期盼能金榜题名、光宗耀祖。清乾隆时期，万寿宫“遗址仅存，无椽矣”。可士人仍将原址呼为万寿东宫。距东宫以西 400 余步之遥为万寿西宫，宫院内有两座神殿，分别是关帝殿和吕祖殿，在现万寿公园内的土山上。清末万寿西宫成了蒙古贵族奚公子的家庙，奚公子之子就是名冠京城的京剧“四大须生”之一的奚啸伯。民国时期奚氏家道中落，将家庙万寿西宫租给了以赶大车运黄土为生的赵德山与赵世海父子。建国后在这里植树造林，园林部门先后征地 4.7 万平方米，辟建公园，又称万寿公园，是北京市第一座老年公园。万寿西宫现仍有遗留的庙堂建筑和碑刻。

外城西部

NO-025

万寿西宫附近（一）

创作于

1950 年 3 月 11 日

万寿西宫附近（二）

创作于

1950年3月20日

NO-028

岳云楼

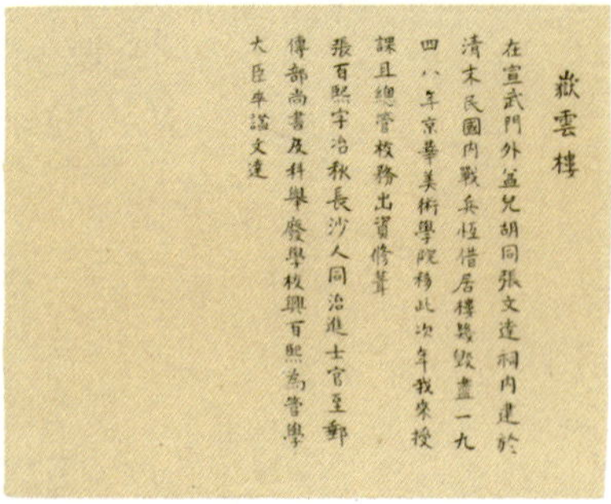
嶽雲樓
在宣武門外盆兒胡同張文達祠內建於
清末民國內戰兵恒借居樓幾毀盡一九
四八年京華美術學院移此次年我來授
課且總管校務出資修葺
張百熙字冶秋長沙人同治進士官至郵
傳部尚書及科舉廢學校興百熙為管學
大臣卒謚文達

章可先生考

在宣武门外盆儿胡同张文达祠内，建于清末。民国内战，兵恒借居，楼几毁尽。一九四八年，京华美术学院移此。次年，我来授课，且总管校务，出资修葺。

张百熙，字冶秋，长沙人，同治进士，官至邮传部尚书。及科举废，学校兴，百熙为管学大臣。卒，谥文达。

整理者注

① 张百熙（1847—1907年），清末大臣，著名教育家。同治十三年（1874年）进士，授编修。光绪七年（1881年），督山东学政。十四年（1888年），典试四川。十五年，命直南书房。二十一年，迁侍读学士。二十三年，督广东学政，迁内阁学士。戊戌政变后，因荐举康有为获罪，革职留任。二十六年，任礼部侍郎，擢左都御史。后又历任工部、刑部、吏部、户部、邮传部尚书。并曾充管学大臣，主持京师大学堂，创医学及译学馆、实业馆，选派留学生出国深造。1902年，张百熙主持拟订《钦定大学堂章程》，是中国第一部以政府名义颁订的完整学制。1902年1月—1904年1月担任过京师大学堂的校长。

② 岳云楼，又称岳云别业、岳云别墅，其址位于西城区南横街盆儿胡同中部路西，这本是一幢坐北朝南的西式小楼，原为浙江鄞县会馆西馆（有说浙江嵊县同乡会馆）。是为纪念清末名臣张百熙所建，张百熙家有藏书处叫“岳云楼”，以此得名。1918年6月由李大钊等发起组织，1919年7月10正式成立的“少年中国学会”曾在这里开会。1920年学会成立一周年，会员孟寿春、邓中夏、袁同礼、李大钊等人曾来此庆祝并合影留念，今楼已不复存在。

外城西部

NO-028

清慈禅林

创作于

1953年10月7日

整理者注

清慈禅林又称清慈庵，中国第一历史档案馆《清末北京外城寺庙调查表清末北京外城寺庙调查表》载清慈庵在黑窑厂。今已无。

天仙庵

创作于

1951年3月13日

章可先生考

天仙庵，在三教寺街。

整理者注

天仙庵故址当在今西城区右安门内白纸坊东街半步桥胡同东口内路西。天仙庵是供奉西天王母的庵堂。根据1932年社会局寺庙登记记载，庵为明代始建，民国时门牌号为三教寺胡同二号（今门牌号为半步桥胡同一号），原为尼姑庵，庙坐北朝南，《宣南鸿雪图志》：“进深七檩，带前廊，雕花正脊”，东西各接朵楼两间，五檩加前廊卷棚顶。天仙庵今已拆除部分建筑。

红庙

创作于

1953 年 11 月 4 日

章可先生考

自东珠市口至天桥之间，东曰草市街，其南有庙曰红庙，今已废，惟北向有门仅存，北大殿完整，有匾，乾隆御笔“真如相”三字，殿前十数丈，有乾隆御笔《正阳桥疏渠记》碑，北东两面为满文，南西两面为汉文。

整理者注

“草市街”今称“西草市街”南北向，庙故址当在今东城区天坛路以北红庙街路南 78 号，民国时门牌 14 号，称弘济院，俗名红庙，供奉的是关帝，建于清顺治年间，清乾隆《京城全图》中有载，今已无。《正阳桥疏渠记》碑 1984 年被公布为北京市文物保护单位。

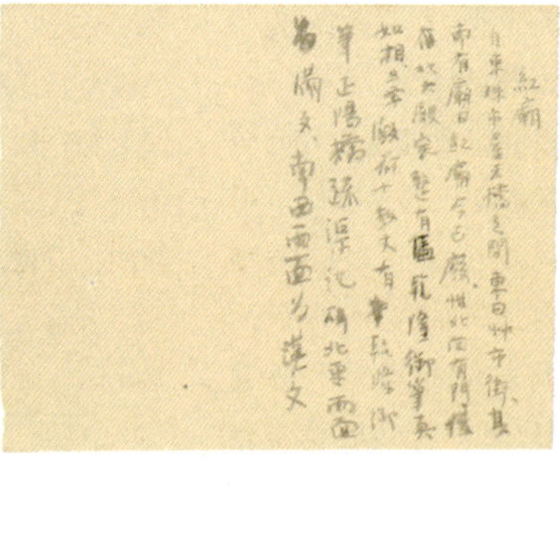
紅廟
自東珠市口至天橋之間東曰草市街，其南有廟曰紅廟今已廢。惟北向有門僅存，北大殿完整，有匾乾隆御筆真如相三字，殿前十數丈有乾隆御筆正陽橋疏渠記碑北東兩面為滿文，南西兩面為漢文

精忠庙

创作于

1953年9月4日

章可先生考

精忠庙，外五区。

大殿朱匾题：精忠报国，崇祯二年庚午中元榖旦梨园弟子献。

《顺天府志》：精忠庙祀岳忠武，康熙时建，有大学士刘统勋碑。

《藤荫杂记》：金鱼池西精忠庙，自灵佑宫灯布（市）罢后，庙设烟火，人竞往观，土塑秦桧，以煤炭燔之至尽，名曰烧秦桧，盖仿火判之制也。

整理者注

精忠庙故址在东城区天坛路北侧精忠庙街，建于清康熙年间（1662—1722年）。精忠庙上世纪五十年代已毁。1965年时精忠庙街改称“精忠街”。

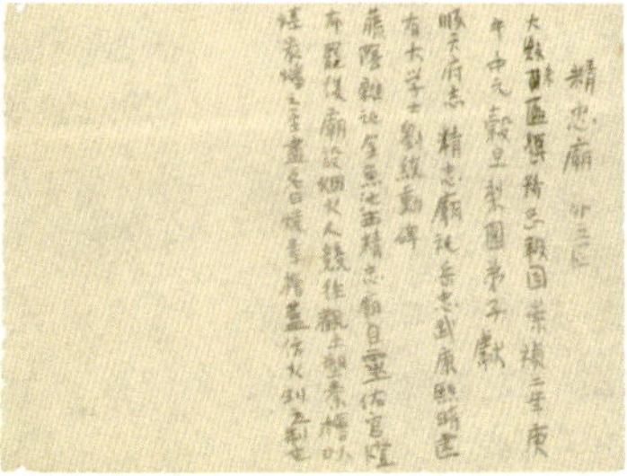
精忠庙 外五区
大殿朱匾题精忠报国崇祯二年庚
午中元榖旦梨园弟子献
顺天府志 精忠庙祀岳忠武康熙时建
有大学士刘统勋碑
藤阴杂记 金鱼池西精忠庙自灵佑宫灯
市罢后庙设烟火人竞往观土塑秦桧以
煤炭燔之至尽名曰烧秦桧盖仿火判之制也

安国寺

创作于

1951年2月14日

章可先生考

《宸垣识略》：安国寺在三里河南湾，明天顺元年建，碑废，无考。

《日下旧闻考》：安国寺在三里河之南一里，建于天顺元年，其碑礼部尚书胡濙撰文，中书舍人陈翀书。（《行国录》）

整理者注

① 明天顺元年即公元1457年。

② 安国寺，建于明代，根据《1936年北平特别市政府寺庙登记》记载，清嘉庆年间赏赐给为康熙皇帝育有皇八子胤禩的良妃（1662—1711年）母家作家庙，用以供奉良妃娘娘神牌，有说是良妃庙，其故址当在今东城区珠市口东大街安国胡同。安国胡同北起珠市口东大街，东南至南桥湾街，因安国寺而得名，安国寺旧址，现仅余东配殿，为居民住宅。

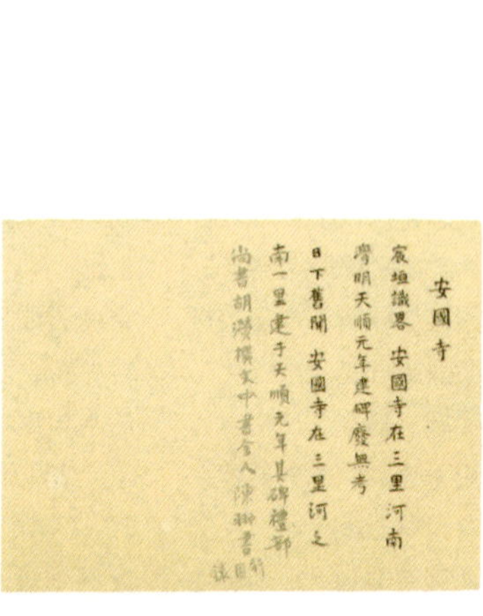

安國寺

宸垣識畧 安國寺在三里河南灣明天順元年建碑廢無考

日下舊聞 安國寺在三里河之南一里建于天順元年其碑禮部尚書胡濙撰文中書舍人陳翀書

慈源、真武庙

创作于

1951 年 2 月 13 日

章可先生考

慈源、真武庙，金鱼池东北晓市大街。

《宸垣识略》：真武庙在金鱼池北，已圮。

整理者注

① 慈源、真武庙即慈源寺和真武庙，故址在今祈年大街东侧东晓市街路南。

② 真武庙有李崇祥等功德碑，民国三年（1914 年）春月建立。此李崇祥疑为琉璃河岫云观的开山宗师，按北京白云观法号顺序排“崇”字，道号李崇祥。

③ 金鱼池东北晓市街，即今西晓市街东部。所谓晓市，以时间来分，有“早市”（亦名晓市），通常在拂晓三四点钟起，日出散市，冬日至迟不过上午九点钟。东晓市夜半开市，天明即散。1933 年《北平地名典》名东晓市，1947 年时名东晓市大街。1965 年，以东晓市小学为界，分为东、西晓市两条街，以晓市市场为名。2004 年宽 31.6 米，两上两下四车道，两侧还设有自行车道以及人行步道的祈年大街开通后，祈年大街就成了东、西晓市两条街新的分界线。

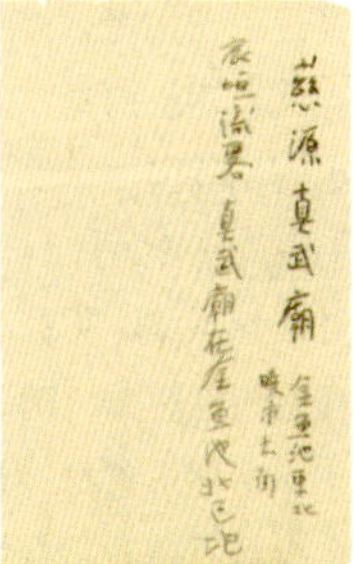
慈源真武庙 金鱼池东北 晓市大街
宸垣识略 真武庙在金鱼池北已圮

慈源寺

创作于

1951 **年** 2 **月** 14 **日**

章可先生考

《日下旧闻考》：慈源寺碑，正统初立，太常少卿括苍潘辰撰文，中书舍人张天保书。

《宸垣识略》：慈源寺在金鱼池之东，明成化二年指挥朱善建，有大常少卿潘宸碑。本朝康熙甲寅重修，有致仕天学上卫周祚碑。

整理者注

① 明正统年即公元1436—1440年，成化二年即公元1466年。清康熙甲寅年即公元1674年，为康熙十三年。

② “有大常少卿潘宸碑”句中“大”应为“太”。“有致仕天学上卫周祚碑”句中“天”应为“大”字，“上”应为“士”字。

③ 慈源寺故址约在今祈年大街东侧东晓市街路北，现为东城区普查登记文物。

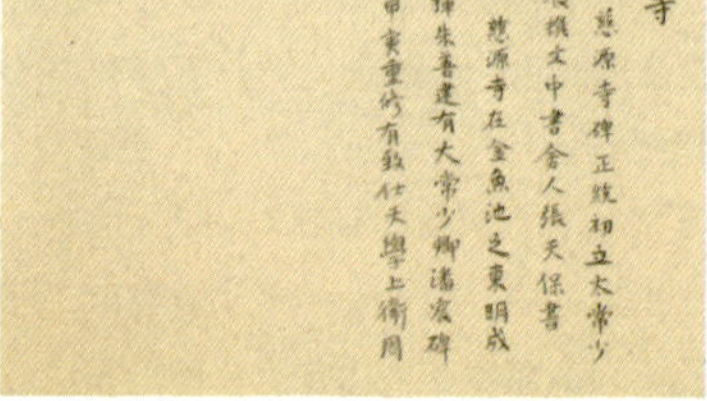
慈源寺

日下舊聞 慈源寺碑正統初立太常少卿括蒼潘辰撰文中書舍人張天保書

宸垣識畧 慈源寺在金魚池之東明成化二年指揮朱善建有大常少卿潘宸碑本朝康熙甲寅重修有致仕天學上衛周祚碑

慈源寺另一侧（疑似）

创作于

1951年2月14日

NO-007

明因寺

创作于

1953 年 8 月 29 日

章可先生考

其建置详见《宸垣识略·外城一》卷九。

殿左有《敕赐修建护国明因禅寺碑记》，右有《御制赐紫宗师云崖行宴碑铭》。

整理者注

① 明因寺故址在崇文门外珠市口大街南侧明因寺街，建于明万历三年（1575 年），清代朱一新的《京师坊巷志稿》载：“明因寺街，明因寺旧为三圣寺，详寺观。寺有贯休画十六阿罗汉像，《景物略》云，赝本也。《水曹清暇录》：明因寺在三里河东。香光董宗伯因僧永舞之请，为书释迦成道记，笔法遒劲，勒石嵌寺壁上，惜已剥蚀。”明因寺曾做山西会馆，今寺已废，寺中书画被国家文物局收藏。

② 明因寺街现称清华街。1965 年，清化寺街、明因寺街、椅子圈胡同、幸福胡同、北水道子、山佑夹道合并，统称清华街。2000 年扩建两广大街时，清华街被部分拆除。

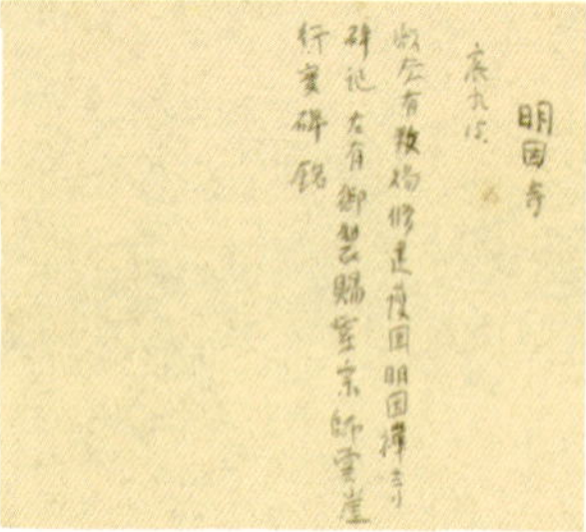
明因寺
宸九15
殿左有敕赐修建护国明因禅寺
碑记 右有御制赐紫宗师云崖
行宴碑铭

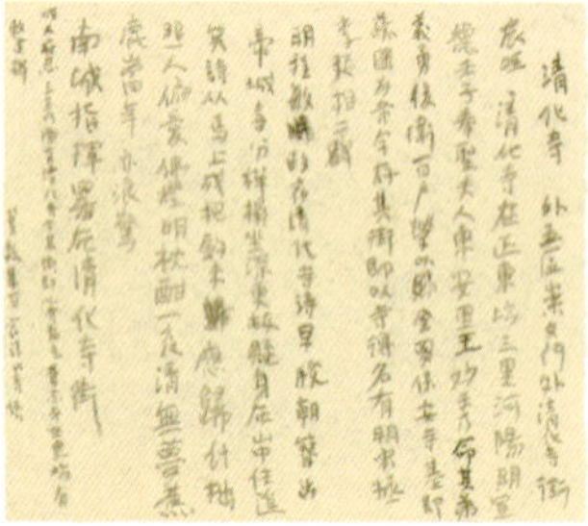
清化寺 外五区崇文门外清化寺街
宸垣 清化寺在正东坊三里河阳明宣
德壬子寿圣夫人东安里王妙秀命其弟
义勇后卫百户荣以赐金买保安寺基即
蔬圃为寺今存其街即以寺得名有明宋拯
李延相二碑
明程敏政宿清化寺诗早脱朝簪出
帝城喜分禅榻坐深更顿疑身在山中住追
笑诗从马上成把钓未应归计拙
照人偏爱佛灯明枕酣一夜清无梦蕉
鹿当年亦浪惊
南城指挥署在清化寺街

NO-008

清化寺

创作于

1953 年 8 月 29 日

章可先生考

清化寺，外五区崇文门外清化寺街。

《宸垣识略》：清化寺在正东坊三里河阳。明宣德壬子，寿圣夫人东安里王妙秀，命其弟义勇后卫百户荣，以赐金买保安寺基，即蔬圃为寺，今存。其街即以寺得名，有明宋拯、李延相二碑。

明程敏政《宿清化寺》诗：早脱朝簪出帝城，喜分禅榻坐深更。顿疑身在山中住，追笑诗从马上成。把钓未应归计拙，照人偏爱佛灯明。枕酣一夜清无梦，蕉鹿当年亦浪惊。

南城指挥署在清化寺街。

《顺天府志》：三里河阳有清化寺，今其街即以寺为名，旧志寺在东坊，有敕建碑。

《篁敦集》有《哀清化寺》诗。

整理者注

明宣德壬子即公元 1432 年。

清化寺街即今东城区崇文门外清华街，东西向，原寺在东口内路北。清华街即原清化街，东起磁器口大街，西到鲁班胡同。因清化寺而得名。该街清朝时称“清化寺街”。清化寺现为东城区普查登记文物单位。2014—2015 年实施保护性修缮。

NO-007

NO-008

大慈庵

创作于

1951 年 3 月 14 日

章可先生考

大慈庵，柳树井四十一号，康熙四十四年四月立。

整理者注

① 清康熙四十四年即公元 1705 年。

② 大慈庵故址在今珠市口东大街东口路北位置，为嘉兴寺的下院，南城工商业者在此停灵、办丧事的极多。二十世纪五十年代初，大慈庵一半被辟为小学，另一半仍有在此治丧办事者。有《大慈庵碑记》，清乾隆五十四年（1789 年）四月，清孙廷夔撰，张瑆正书。有大慈庵东院碑，清乾隆三十五年（1770 年）七月，清曹学闵撰，徐烺正书。有《大慈庵记》，清道光七年（1827 年）四月，清彭作邦撰并正书，申启贤篆额。

三清庙

创作于

1951年4月15日

NO-011

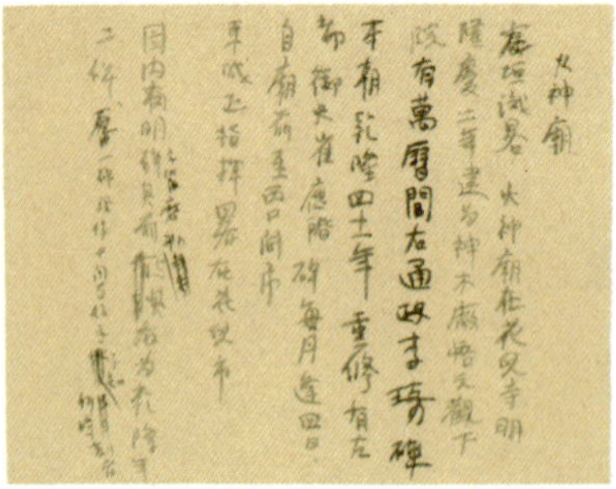

火神庙

创作于

1953 年 8 月 23 日

章可先生考

《宸垣识略》：火神庙在花儿寺（市），明隆庆二年建，为神木厂悟元观下院，有万历间右通政李琦碑。本朝乾隆四十一年重修，有左都御史崔应阶碑。每月逢四日，自庙前至西口开市。

东城正指挥署在花儿市。

园内有明碑字皆磨泐，其前与其右为乾隆年二碑，左一碑残解，中间百余字，不知何时刻者。

整理者注

① 明隆庆二年即公元 1568 年。

清乾隆四十一年即公元 1776 年。

② 花市火神庙，正名敕建火德真君庙，是今东城区崇文门外西花市大街西口内路北的一座历史悠久的道教庙宇，主祀南方火德真君，配祀北方真武大帝。建于明朝隆庆二年（1568 年），为神木厂悟元观的下院，祀火德真君。清朝乾隆四十一年（1776 年）重修。火神庙原有山门，钟鼓楼，前院主殿和东、西配殿，后院主殿和东、西配殿等建筑。据庙内碑记载“前院三楹奉南方（祝融）火德真君，后院三楹奉北方真武玄天大帝”。该庙建筑曾多次遭火灾。北京市档案馆存民国二十八年（1939 年）9 月 11 日《外三区火神庙住持齐彦章关于修盖庙房工程的呈》载：“兹于本年六月七日失慎，致将本庙后院北大殿连同楼上玉皇阁共六间烧毁，又东西配殿各五间、罩棚一座及前院火神殿三间后坡一并烧毁无存。拟改修后院北大殿连楼房六间改修为带廊灰棚三大间。原东西配房各五间照旧修盖及前院被烧火神殿后坡，拟将全部三间一并修盖，又前院东配殿三间挑项修盖，西配殿三间挑项并后檐墙拆砌，钟鼓二楼补修见新。门前木栅栏钉补油色，旗杆一座见新。”1928 年北平大兴县第一国术馆设在该庙，八卦掌传人程庭华（人称“眼镜程”）在此授徒。火神庙后院清朝时曾为“水会”所在地，负责消防工作。2003 年火神庙被定为北京市文物保护单位，同年开始修缮该庙。在正殿的吊顶修缮中，发现了康熙年间的两块匾额，一块为蓝底金字“离照司权”，另一块为金底黑字“德辅阳光”，两块匾中间都刻有一红色“献”字；此外还发现正殿抱厦正面悬一块同治三年“仰企神威”匾。2003 年重修前的残存建筑有：前院主殿和东、西配殿。

外城东部

NO-011

火神庙

章可先生考

火神庙，在崇文门外上头条胡同。

整理者注

上头条胡同即今崇文门外东侧花市上头条，旧址无存。

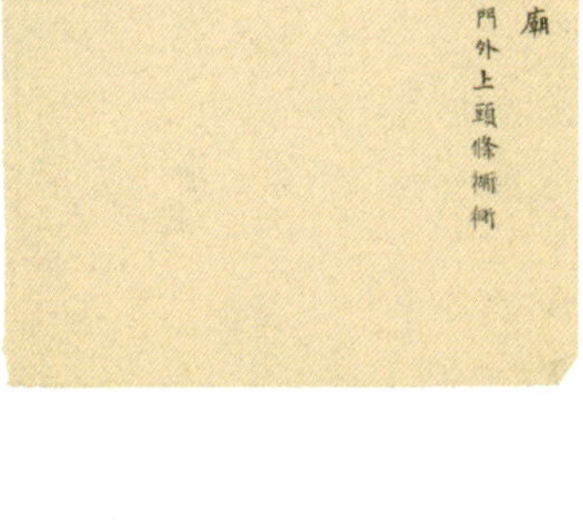

送子白衣庵

创作于

1951 年 2 月 13 日

章可先生考

送子白衣庵，在崇文门外中三条胡同，乾隆间立。

整理者注

① 应为崇文门外上三条东口内路北，今已不复存在，为东花市居民小区之一部分。

② 花市地区庙观繁多。据文献记载，明代就有关王庙、娘娘庙、天仙庙、土地庙、崇恩观、卧云庵、无量庵、崇恩寺、新火神庙、卧佛寺、增福寺、白云寺、积谷寺、万神寺等十几座庙观；至清代又增加了圣泉寺、万佛寺、送子白衣庵、三元寺、弥勒庵、药王庙、普陀寺、天龙寺、三清观、金山寺、皂君庙、忠义观、观音庵、崇兴寺、土地庙、财神庙、法域寺、宝庆寺、九泉积善寺、三圣庵、福善庵、地藏庵及回人礼拜寺。

NO-014

土地庙

创作于

1951 年 2 月 13 日

章可先生考

土地庙，在崇文门外中三条。木刻联曰：閭阎淑慝归明鉴，远迩尊崇重至诚。

整理者注

崇文门外中三条指花市中三条西口内路北，今已不复存在，为东花市居民小区之一部分。

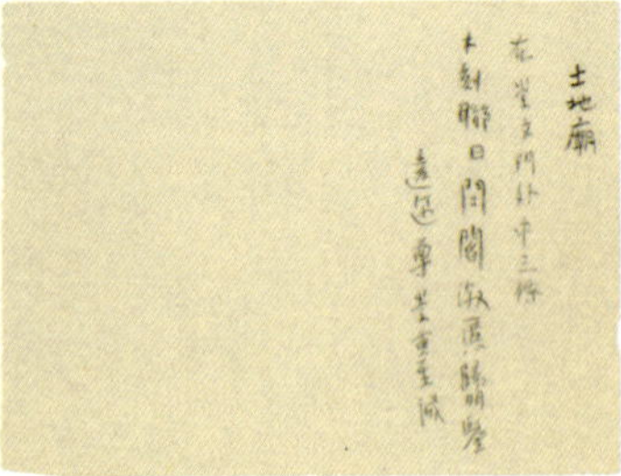

土地廟
崇文門外中三條
木刻聯曰 閭閻淑慝歸明鑒
遠迩尊崇重至誠

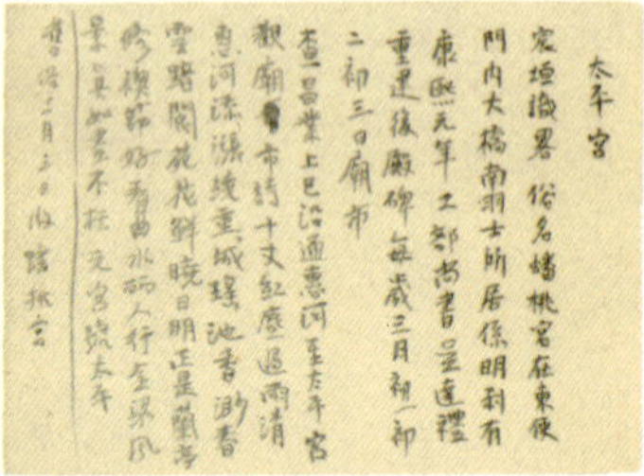

太平宮
宸垣識略 俗名蟠桃宮在東便門內大橋南羽士所居係明刹有康熙元年工部尚書吳達禮重建後殿碑每歲三月初一初二初三日廟市
查昌業上巳沿通惠河至太平宮觀廟市詩 十丈紅塵過雨清惠河添漲繞重城瑤池香渺春雲黯閬苑花鮮曉日明正是蘭亭修禊節好看曲水麗人行金梁風景真如畫不枉元宮號太平
舊俗三月三日游蟠桃宮

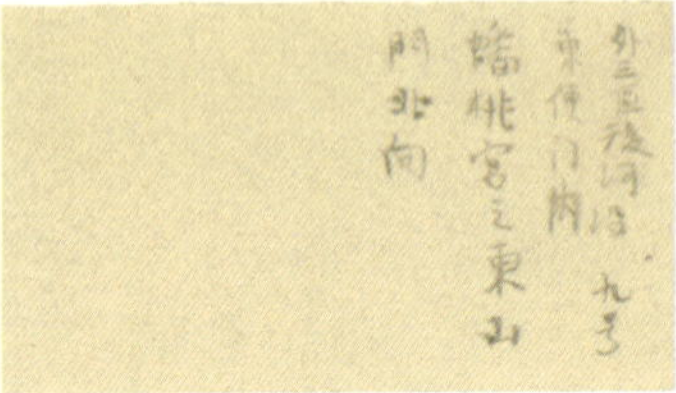

外三區後河沿 九號
東便門內
蟠桃宮之東山
門北向

NO-015

太平宫

创作于

1951 年 2 月 9 日

章可先生考

外三区后沿河，东便门内，九号，图为蟠桃宫之东山门，北向。

《宸垣识略》：俗名蟠桃宫，在东便门内大街桥南，羽士所居。系明刹，有康熙元年工部尚书吴达礼重建后殿碑。每岁三月初一、初二、初三日庙市。

查昌业《上巳沿通惠河至太平宫观庙市》诗：十丈红尘过雨清，惠河添涨绕重城。瑶池香渺春云黯，阆苑花鲜晓日明。正是兰亭修禊节，好看曲水丽人行。金梁风景真如画，不枉元宫号太平。

旧俗三月三日游蟠桃宫。

整理者注

① 康熙元年即公元 1662 年。

② 蟠桃宫又称“护国太平蟠桃宫”，中国民间信仰之一，祀西王母。故址大约在今东便门立交桥南位置，是北京有名的道观之一。明、清两代直至民国年间，每年三月初一至初三日有庙会，称“蟠桃盛会”。蟠桃宫庙宇仅有两层大殿，最前有山门 3 间，门前有旗杆和石狮各一对，门额为“护国太平蟠桃宫”石匾。山门后有钟、鼓楼，前殿为灵官殿，后殿为斗姆殿，供奉西王母像。1987 年拆除。保存的文物有“蟠桃盛会”琉璃砖和乾隆年间《太平宫碑记》石碑一座。

外城东部

NO-014

NO-015

药王庙

章可先生考
药王庙，在东便门内蟠桃宫之东南。

整理者注
① 药王庙故址在今崇文门外原花市东二条（即下下二条）今已为虎背口小区。
② 章可先生谓药王庙在东便门内蟠桃宫之东南"，应在"蟠桃宫之西南"。

药王庙 在崇文門外內蟠桃宫之東南

隆安寺

创作于

1951 年 2 月 4 日

章可先生考

《宸垣识略》：隆安寺在花儿市东南，明天顺间废刹也。万历乙酉，蜀僧翠林募修，结净土社堂，僧徒念佛。岁元旦设果饵享佛，盘千数，名曰千盘会。寺后一阁，崇祯元年僧大为立。考按：隆安寺今存，创于明景泰五年，寺中有题名碑可考。

长元按：隆安寺，土人相传唐刹，然景泰五年碑外，别无可证。惟殿前二柏树，大十余围，殆四五百年物，其为元刹无疑。

整理者注

① 明天顺年间即公元 1457—1464 年。万历乙酉即公元 1585 年。崇祯元年即公元 1628 年。景泰五年即公元 1454 年。

② 隆安寺今存，在广渠门内白桥大街路东。1984 年 5 月 24 日被列为北京市级文物保护单位。

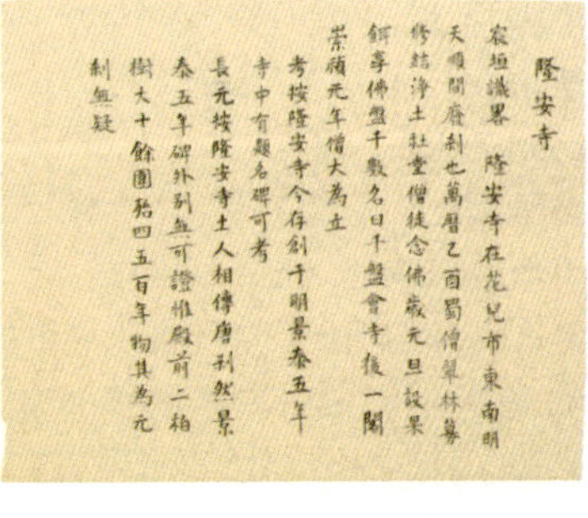
隆安寺
宸垣識畧　隆安寺在花兒市東南明
天順間廢刹也萬曆乙酉蜀僧翠林募
修結淨土社堂僧徒念佛歲元旦設果
餌享佛盤千數名曰千盤會寺後一閣
崇禎元年僧大為立
考按隆安寺今存創于明景泰五年
寺中有題名碑可考
長元按隆安寺土人相傳唐刹然景
泰五年碑外別無可證惟殿前二柏
樹大十餘圍殆四五百年物其為元
刹無疑

NO-018

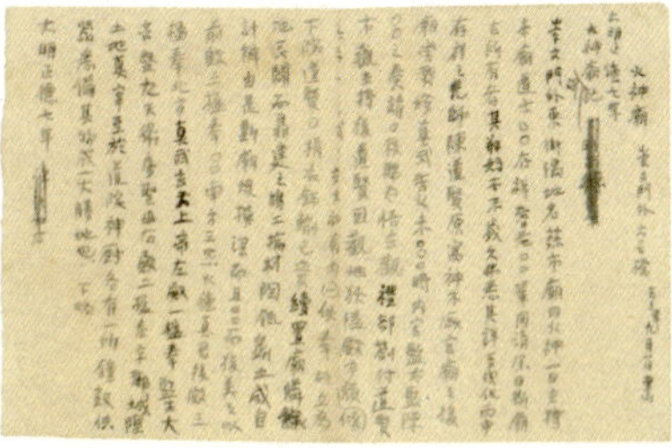

火神庙

创作于

1953 年 9 月 1 日

章可先生考

火神庙，崇文门外大石桥，五三年九月一日画。

大明正德七年《火神庙碑记》：崇文门外东街隅，地名蒜市，庙曰火神。一日，主持本庙道士 □□ 存祥耆老 □□ 辈同请余曰：斯庙，古所有者。其创始本末，岁久弗悉其详。至成化丙申，存祥之先师陈道贤，原寓神木厂官庙之后庙堂焚修，真武香火未 □□□ 时，内官监太监陈 □□ 之奏请，□ 敕赐为悟玄观，礼部札付道贤本观主持。后道贤因观地狭隘，殿宇倾颓，遂移奉真武于兹火神庙内，日供奉，故立为下院，道贤 □ 捐衣钵输己资，续置庙邻余地，辰辟而鼎建之，鸠工抡材，陶瓴斫土，咸自计办。由是，斯庙规模深而且 □□ 而后美之 □□ 前殿三楹，奉 □□ 南方三炁火德真君。后殿三楹，奉北方真武玄天上帝。左殿一楹，奉监生大帝暨九天卫房圣母。右殿二楹，奉享都城隍土地真宰。至于道院神厨，各有一所，钟鼓供器，悉备其物，成一大胜地也。（下略）大明正德七年。

整理者注

① 明正德七年即公元 1512 年。

明成化丙申即公元 1476 年（成化十二年）。

② 崇文门外大石桥即今广渠门内大街，火神庙故址当在广渠门内大街中段路北原火神庙大街（今幸福大街）北端，今南花市南大街南口西侧位置。

外城东部

NO-018

NO-019

火神庙（疑似）

创作于

1953 年 9 月 1 日

章可先生考

门前两铜狮刻字云：康熙二十六年十月二十七日。

整理者注

康熙二十六年即公元 1687 年。

其位置当在花市一带，疑为崇文门外大石桥火神庙。

門前兩銅獅刻字云康熙二十六年十月二十七日

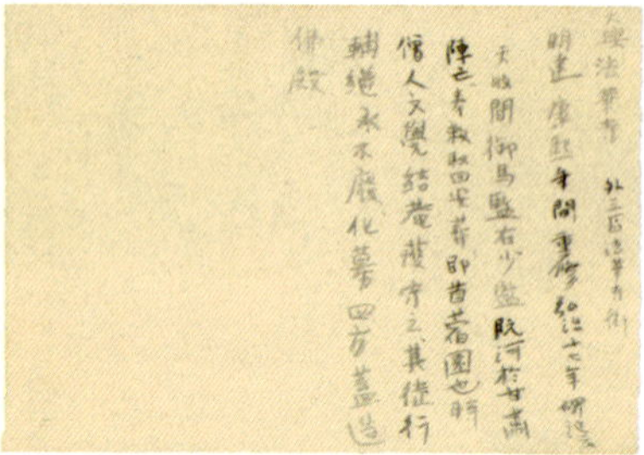

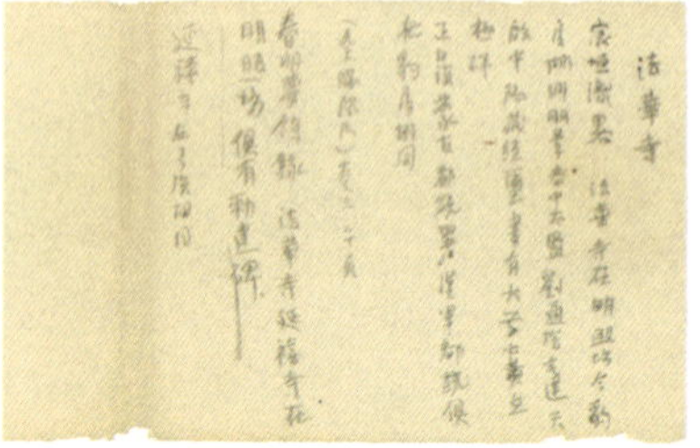

NO-020

法华寺

创作于

1953 年 11 月 3 日

章可先生考

大兴法华寺：外三区法华寺街。

明建，康熙年间重修。弘治十七年碑记云：天顺间，御马监右少监阮珂于甘肃阵亡，奉敕取回安葬，即苜蓿园也。时，僧人文觉结庵护守之，其徒行辅继承不废，化募四方盖造佛殿。

《宸垣识略》：法华寺在明照坊今豹房胡同，明景泰中太监刘通舍宅建。天启中赐藏经玺书，有大学士黄立极碑。

正白旗蒙古都统署、汉军都统（署），俱在豹房胡同。

《天咫偶闻》卷三，二十页。

《春明梦余录》：法华寺、延禧寺在明照坊，俱有敕建碑。

延禧寺在弓弦胡同。

整理者注

① 法华寺在今崇文门外大街法华寺街路北 65—67 号。

② 明弘治十七年即公元 1504 年。

外城东部

NO-019

NO-020

文昌庙

创作于

1953年9月3日

整理者注

应为文昌宫，故址在今崇文门外幸福大街路西文章胡同东口内路北位置。

玉清观

章可先生考

外三区玉清观六号。山门有匾，道光己酉年东城总指挥张鸿书。影壁榜曰：万寿无疆，咸丰一年夏月穀旦信士张贵隆重建。

《顺天府志》：云集观，康熙时建，后有斗姥阁，今改名玉清观。又有文昌宫。

《宸垣识略》：云集观在五虎庙东北，本朝康熙年建，亦羽士所居。后有斗姥阁，旁翼二亭，修饰甚完整。

整理者注

① 道光己酉年即公元1849年。咸丰一年即公元1851年。

② 玉清观其故址当在今东城区体育馆路玉清胡同西口内路南，道观，该街因玉清观而命名为玉清观街，1949年后的地图上还有玉清观和玉清观街名称，1958年北京公安局编印的《北京市街巷名称录》里也有玉清观街，归崇文分局玉清观派出所管辖，1986年玉清观胡同彻底拆除。

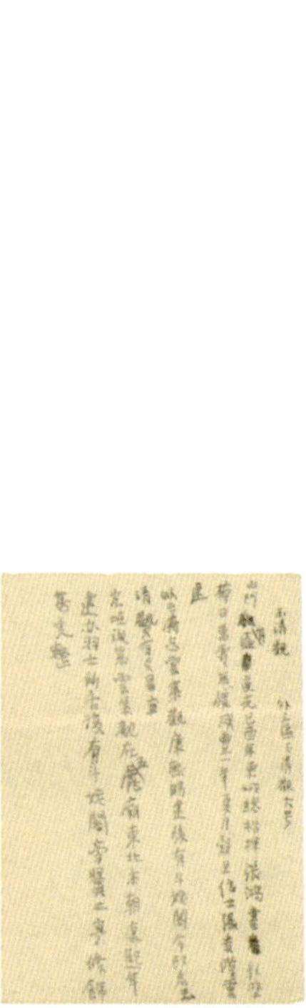

三义庙

创作于

1953 年 11 月 7 日

章可先生考

三义庙，左安门内三义庙一号。

山门东向，其左亭内有钟，镌：大明嘉靖戊子秋铸。按戊子为七年，西历一五二八年。

整理者注

左安门内三义庙街今为左安门内大街，位于旧城东南隅，南北走向，三义庙是为刘备、关羽、张飞而创建的庙宇，现荡然无存。

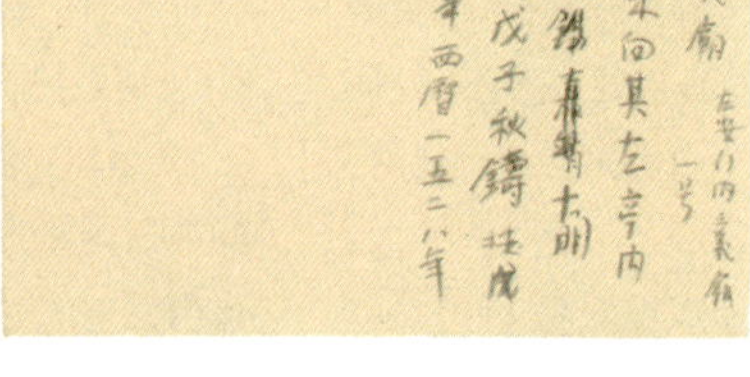

三义庙侧面

袁都（督）师庙

章可先生考

袁都师庙，一九五二年市政府重建。

整理者注

① 袁都师庙，“都”应为“督”字。

② 袁督师庙，在今东城区左安门内大街迤东龙潭路龙潭公园内北侧，1984 年被列为崇文区文物保护单位。庙门两旁，刻有康有为亲笔题写的对联，庙内明间正壁上，镶嵌着袁督师的石像，两壁和两侧次间中的《明袁督师庙记》《袁督师庙碑记》《佘义士墓志铭》等石刻作品，也大多为康有为、梁启超两位老夫子的手笔，有较高的历史和书法艺术价值。

袁崇焕墓

整理者注

① 袁崇焕（1584—1630年），明万历进士，广东东莞人。曾任邵武知县，累官兵部尚书，总督辽蓟。崇祯三年（1630年），因受诬陷含冤而死。死后暴尸于市，其旧仆佘氏冒死将袁将军遗骨盗回，葬于广东义园，既今广渠门内东花市斜街50号院内，佘氏及其后人世代守护于此，世人称为佘家馆，每年春秋，广东旅居北京的同乡来此致祭。袁将军墓前丰碑屹立，题“有明袁大将军墓”七字，为南海吴荷屋先生手书。1917年，康有为先生募款，在广东新义园（左安门内东火桥28号，即今龙潭公园内）建立了袁督师庙，正殿供奉袁督遗像。② 图为明代袁崇焕将军墓，旁为其仆佘氏之墓。佘氏卒后，乡人念其义，将佘氏葬于袁将军墓附近。

街景

未确认（一）

创作于
1950 年 4 月 28 日

未确认（二）

创作于

1950 年 7 月 24 日

未确认（三）

创作于
1951年2月4日

未确认（四）

创作于

1951年2月12日

整理者注

从其建筑规划制度来看，应为皇家庙宇。

未确认（五）

创作于

1951年3月21日

整理者注

根据日期推测，该图所示建筑物当在西直门一带。

未确认（六）

创作于

1953年8月14日

整理者注

根据日期推测，该图所示建筑物当在什刹海一带。

未确认（七）

创作于

1953 年 8 月 15 日

章可先生考

在麻线胡同（崇文门内）。

未确认（八）

创作于

1953年8月16日

未确认（九）

创作于
1953 年 8 月 27 日

未确认（十）

创作于

1954 年 9 月 2 日

未确认（十一）

创作于

1953 年 10 月 15 日

未确认（十二）

创作于

1953 年 11 月 27 日

未确认（十三）

创作于

1953 年

一个人的北京城

中篇

皇家建筑

天坛第二门

创作于
1953年8月15日

成贞门

章可先生考

圜丘外围方墙门四：南曰昭享，东曰泰元，西曰广利，北曰成贞。成贞门外为斋宫，迤西为坛门。成贞门与祈年门南北直对。

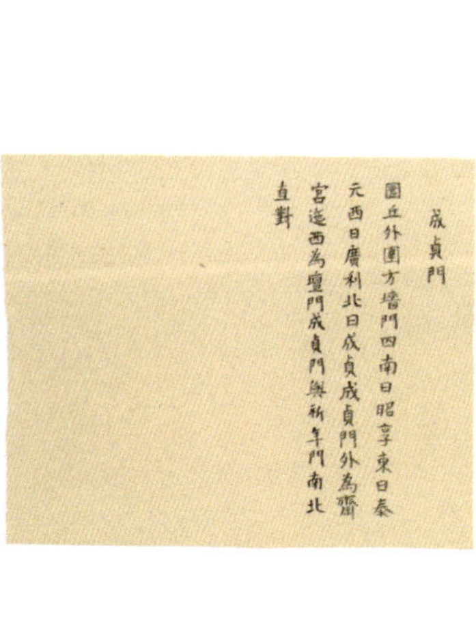
成貞門
圜丘外圍方墻門四南曰昭享東曰泰元西曰廣利北曰成貞成貞門外為齋宮迤西為壇門成貞門與祈年門南北直對

天坛（一）

创作于

1952 年 3 月 19 日

整理者注

作者章可先生站在成贞门的南面画成贞门，后面建筑依次为祈年门、祈年殿。

天坛（二）

整理者注

从圜丘内远望，依次为皇穹宇、祈年殿。

NO-005

天坛（三）

创作于

1951 年 2 月 8 日

整理者注

该图所示为天坛皇穹宇东庑附近。

天坛组图

NO-005

NO-006

圜丘壝门

创作于

1949 年 12 月 2 日

章可先生考

内壝形圆，周百有六丈四尺，高五尺九寸，壝门四，皆六柱三门，柱及楣阈皆白石，扉皆朱棂，今诸扉皆不复存。

《嘉靖祀典》：圜丘琉璃阑干诏用青色。

《天咫偶闻》：天坛之殿壝皆用蓝瓦而朱柱，其坛上东设帟幄，亦皆蓝色，执事者衣青衣。坛旁有天灯竿三，高十丈，灯高七尺，内可容人，以为夜间骏奔助祭者准望。

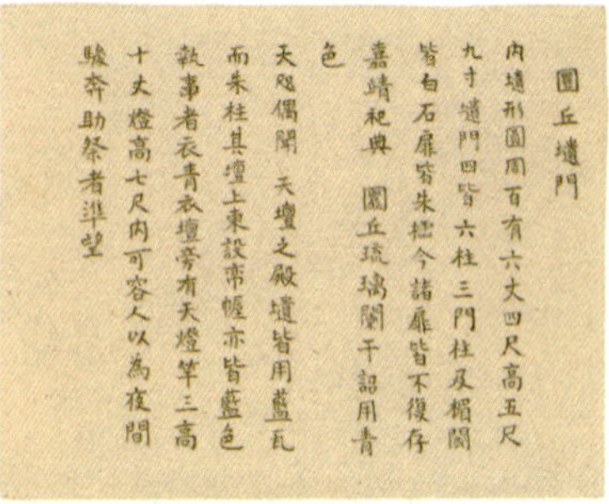
圜丘壝門
內壝形圓周百有六丈四尺高五尺
九寸壝門四皆六柱三門柱及楣閾
皆白石扉皆朱櫺今諸扉皆不復存
嘉靖祀典　圜丘琉璃闌干詔用青
色
天咫偶聞　天壇之殿壝皆用藍瓦
而朱柱其壇上東設帟幄亦皆藍色
執事者衣青衣壇旁有天燈竿三高
十丈燈高七尺內可容人以為夜間
駿奔助祭者準望

NO-
006

NO-
006

皇穹宇

创作于

1949 年 12 月 1 日

章可先生考

《春明梦余录》：北门外正北建泰神殿，后改为皇穹宇，藏太帝太祖之神版，翼以两庑，藏从祀之神牌。

所谓北门即圜丘内外灵星门。

皇穹宇，南向，八柱环立，圆檐，上安金顶。基高九尺，径五丈九尺九寸，石阑四十九，东西南三出陛，各十四级，围垣圆，周五十六丈六尺八寸，南设三门，崇基石阑，前后三出陛，各五级。

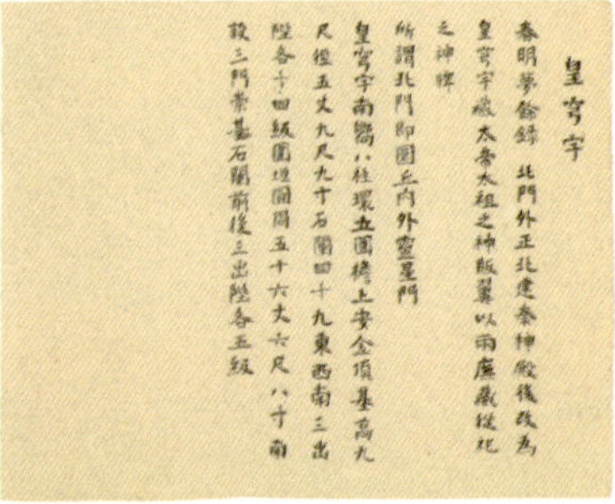
皇穹宇
春明夢餘錄 北門外正北建泰神殿後改為
皇穹宇藏太帝太祖之神版翼以兩廡藏從祀
之神牌
所謂北門即圜丘內外靈星門
皇穹宇南嚮八柱環立圓檐上安金頂基高九
尺徑五丈九尺九寸石闌四十九東西南三出
陛各十四級圍垣圓周五十六丈六尺八寸南
設三門崇基石闌前後三出陛各五級

皇穹宇东陛

创作于
1950年5月13日

皇穹宇东庑

创作于

1950 年 8 月 10 日

整理者注

皇穹宇东西两庑各五间，一出陛，分藏从祀神牌，东西两庑覆瓦均为青色琉璃。

天坛斋宫钟楼

创作于
1951 年 2 月 11 日

祈年门

创作于

1950 年 5 月 25 日

章可先生考

祈年门，在祈年殿前，崇基石阑，前后三出陛，各十有一级，门外东南燔柴炉一，瘗坎一，燎炉五。

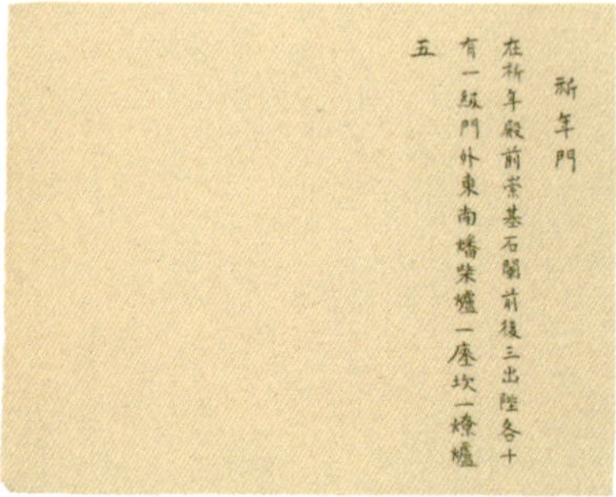
祈年門
在祈年殿前崇基石闌前後三出陛各十
有一級門外東南燔柴爐一瘞坎一燎爐
五

祈年殿

NO-013

天坛祈年殿的东庑

创作于

1950年7月1日

整理者注

为天坛祈年殿的东庑，九间，上覆青琉璃。

NO-014

祈年殿围墙外

创作于

1952 年 3 月 19 日

整理者注

图为祈年殿围墙外，有三只燎炉。

天坛组图

NO-014

NO-014

NO-015

天坛斋宫

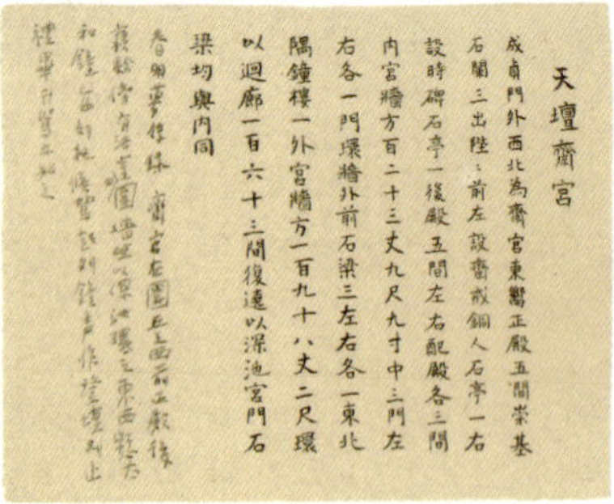
天壇齋宮
成貞門外西北為齋宮東嚮正殿五間崇基
石闌三出陛陛前左設齋戒銅人石亭一右
設時碑石亭一後殿五間左右配殿各三間
內宮牆方百二十三丈九尺九寸中三門左
右各一門環牆外前石梁三左右各一東北
隅鐘樓一外宮牆方一百九十八丈二尺環
以迴廊一百六十三間復遶以深池宮門石
梁均與內同

章可先生考

成贞门外西北为斋宫，东向，正殿五间，崇基石阑，三出陛，陛前左设斋戒铜人石亭一。右设时（辰）碑石亭一。后殿五间，左右配殿各三间。内宫墙方百二十三丈九尺九寸，中三门，左右各一门。环墙外，前石梁三，左右各一。东北隅钟楼一。外宫墙方一百九十八丈二尺，环以回廊一百六十三间，复绕以深池，宫门石梁坎与内同。

《春明梦余录》：斋宫在圜丘之西，前正殿，后寝殿，傍有浴室，四围墙垣以深池环之。东西悬太和钟，每郊祀，候驾起则钟声作，登坛则止，礼毕升驾亦（又）如（声）之。

NO-001

团城昭景门楼

创作于

1950年5月14日

章可先生考

金鳌玉蝀桥之东，有崇台，因台为圆城，俗名团城，周围数百步，两掖有门各一，东曰昭景，西曰衍祥，皆有楼，入门由磴道左右分上，其中为承光殿，即元仪天殿之旧也，门北为古栝。

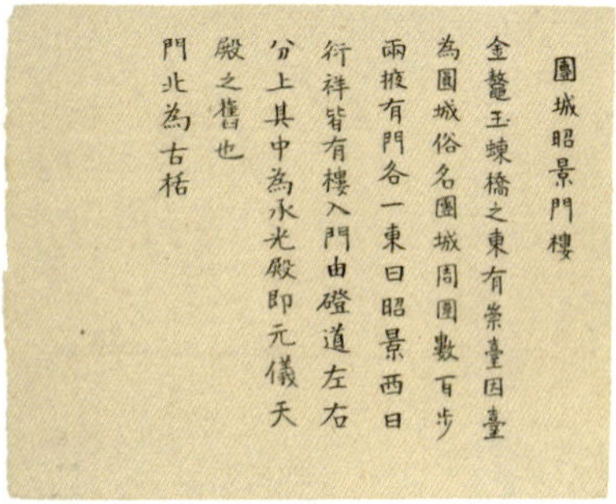
團城昭景門樓
金鼇玉蝀橋之東有崇臺因臺
為圓城俗名團城周圍數百步
兩掖有門各一東曰昭景西曰
衍祥皆有樓入門由磴道左右
分上其中為承光殿即元儀天
殿之舊也
門北為古栝

NO-002

团城

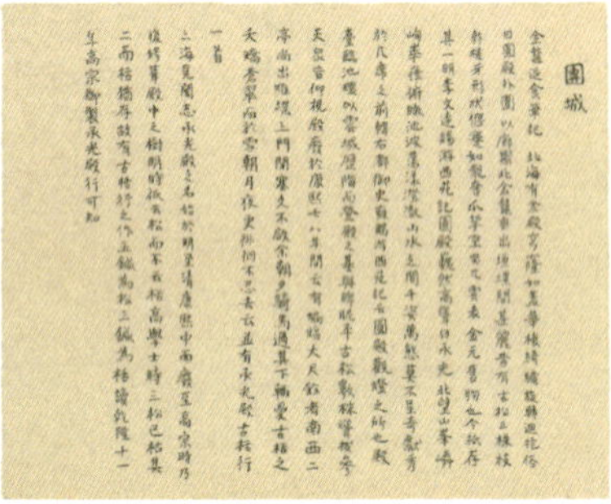
團城

章可先生考

《金鳌退食笔记》：北海有金殿，穹窿如盖，华榱绮牖旋转回抱，俗曰圆殿，外围以廊，向北，金鳌垂出垣堞间，甚丽，昔有古松三株，枝干槎牙，形状偃蹇，如龙奋爪拏空，突兀云表，金、元旧物也，今只存其一，明李文达《赐游西苑记》："圆殿巍然高耸，日承光。北望山峰，嶙峋崒嵂，俯瞰池波，荡漾澄澈，山水之间，千姿万态，莫不呈奇献秀于几席之前。"韩右都御史雍《赐游西苑记》云："圆殿，观灯之所也，殿台临池，环以云城，历阶而登，殿之基与睥睨平。古松数株，耸拔参天，众皆仰视。"殿废于康熙七、八年间，云有蝙蝠大尺余者，南西二亭，尚出雉堞上，（正）门闭塞，久不启。余朝夕骑马过其下，辄爱古栝之夭矫苍翠，而于雪朝月夜，更俳徊不忍去云，并有《承光古栝行》一首。

《三海见闻志》：承光殿之名始于明，至清康熙中而废，至高宗时乃后修葺，殿中之树，明时只云松而不云栝，高学士时，三松已枯其二，而栝犹存，故有《古栝行》之作，五针为松，三针为栝，读乾隆十一年高宗《御制承光殿行》可知。

整理者注

清康熙七、八年即公元1669、1670年。

NO-001

NO-002

团城古籁堂

创作于

1950 年 6 月 19 日

整理者注

北海公园团城上面的古籁堂，建于清朝乾隆十一年（1746 年），是乾隆皇帝游览团城小憩的地方。

五龙亭

创作于

1950年7月18日

章可先生考

《金鳌退食笔记》：五龙亭，旧为太素殿，创于明天顺年，在太液池西南向，后有草亭，画松竹梅于上，曰岁寒门，左右轩曰临水、曰远趣，轩前有草亭曰会景，今改建五亭：中为（曰）龙泽；左曰澄祥、滋香，右曰涌瑞、浮翠。总名之曰五龙亭，珠帘画栋，照耀涟漪。从玉蝀行者遥望水次，丹碧辉映，疑是仙山楼阁，后有石坊曰福渚，北曰寿岳，中有锡殿，锡为之不施砖甓，每岁盛夏，太皇太后避暑于此。皇上听政之后，辄驾小舟问安或侍膳亭上，四面荷香，微凉清暑，癸亥元夜，于亭前施放烟火，听京师人民观看，时予已退直矣，命侍卫那尔泰海清至余私寓，召至亭前，赐饮馔，坐观星球万道，火树千重，金轮宝焰，光耀夺目，天家富贵，盛世欢游，愿与万方同之也。

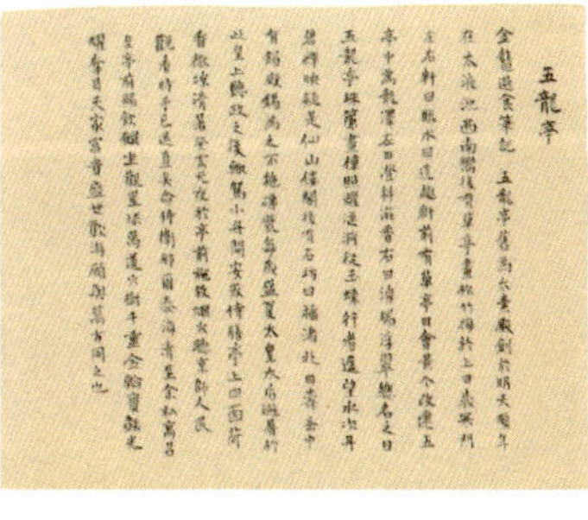
五龍亭

龙泽亭

整理者注

该图所示为北海龙亭之一，名龙泽亭，它是五龙亭中最大的一个亭子。

北海画舫斋

创作于
1950 年 6 月 25 日

远望倚晴楼， 北海仿膳饭庄一带

创作于

1950 年

整理者注

① 倚晴楼位于琼华岛长廊的东端，建于清乾隆十八年（1753 年）。此楼与长廊西端的分凉阁遥遥相对。两楼之间是一组半圆形的双层临水游廊，延楼回廊外绕长达 300 米的汉白玉护栏。

② 北海仿膳饭庄，1925 年创办，是京城有名的宫廷菜馆，北京市旅游局定点涉外餐馆，特级饭庄，人们一般称之为仿膳儿。仿膳饭庄前身是“仿膳茶庄”，主要经营宫廷糕点小吃，1956 年改为饭庄，经营宫廷菜肴，以“满汉全席”驰名中外。

北海内建筑天王殿（疑似）

创作于

1950年6月24日

西天梵境大西天琉璃阁和七佛塔亭

创作于

1950 年 3 月 31 日

整理者注

该图所示为北海内西天梵境内大西天琉璃阁和七佛塔亭。西天梵境又名大西天，坐落于北海公园北岸，东临静心斋，西与大圆镜智宝殿相依，南与琼华岛隔海贯成一线，明代时为经厂，又为西天禅林喇嘛庙。乾隆二十四年（1759 年）扩建后，改名西天梵境。1980 年经重新修缮后对外开放。

北海内牌坊（楼）

创作于
1950 年 7 月 6 日

北海

创作于

1950年6月20日

整理者注

该图所示为北海内建筑，似建在山上，可以望见景山，具体地点待考。

北海　远望五龙亭

章可先生考

《乾隆御制碑文》：太液池之北有亭五，翼然临于水裔。玉蝀前横，琼岛东抱。波光塔影，沦涟映带。亭之北缀以闲馆，爽垲轩豁，盖仍（乃）前明之旧，康熙中，圣祖临驻西苑，常奉太皇太后避暑于此，后以其地奉安仙驭几筵，遂相沿为内廷迁次之所。

整理者注

此为冬季，湖面结冰，冰上有人。

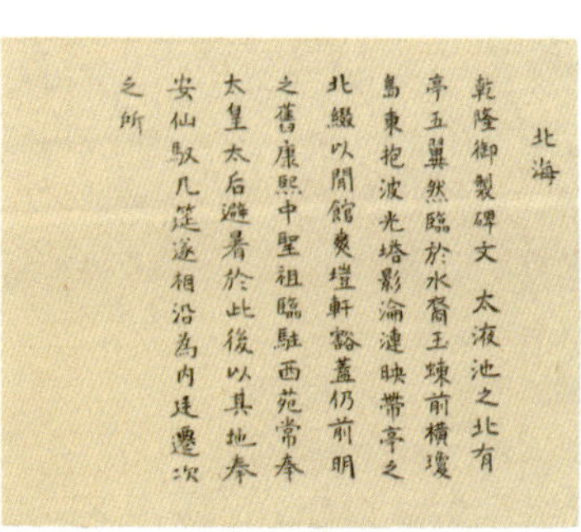

北海

乾隆御製碑文　太液池之北有亭五翼然臨於水裔玉蝀前橫瓊島東抱波光塔影淪漣映帶亭之北綴以閒館爽塏軒豁蓋仍前明之舊康熙中聖祖臨駐西苑常奉太皇太后避暑於此後以其地奉安仙馭几筵遂相沿為內廷遷次之所

金鳌玉蝀桥

创作于

1950 年 6 月 25 日

章可先生考

贯太液东西，两端立二坊，西曰金鳌，东曰玉蝀，为禁苑往来大道。桥有九门。勒御书联扁，又有御制诗《明董穀玉蝀桥诗》：“正爱湖光澄素练，却看人影度长虹。宫墙睥睨斜临碧，水殿罘罳远映红。宛转银河横象纬，依稀太液动秋风。西华门外尘如海，一入天街迥不同。”《金鳌退食笔记》载：元时宫阙言及此桥，则此桥始于元，而名称则定于清初也。

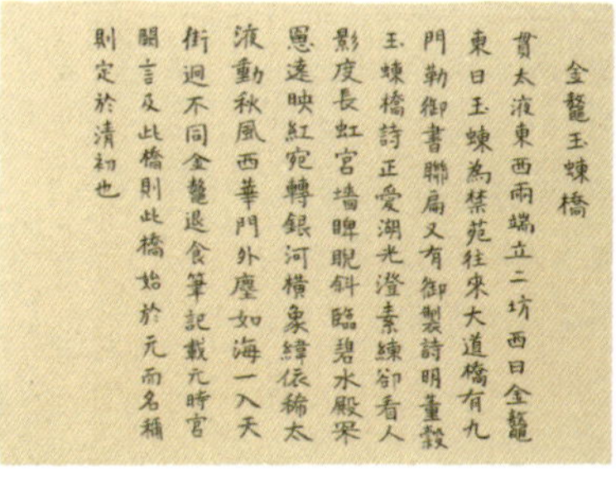

金鼇玉蝀橋

貫太液東西兩端立二坊西日金鼇東日玉蝀為禁苑往來大道橋有九門勅御書聯扁又有御製詩明董穀玉蝀橋詩正愛湖光澄素練卻看人影度長虹宮墻睥睨斜臨碧水殿罘罳遠映紅宛轉銀河橫象緯依稀太液動秋風西華門外塵如海一入天街迴不同金鼇退食筆記載元時宮闈言及此橋則此橋始於元而名稱則定於清初也

阐福寺

创作于

1950 年 3 月 28 日

整理者注

阐福寺在北海公园内，位于太液池之北，五龙亭前，建于清康熙年间，民国时大殿毁于火，殿基残存，断砖破瓦，山门尚完好，内哼哈二将、四大金刚、笑佛塑像残存，有石碑二，乾隆十一年（1746 年）曾重修，有重修碑记。阐福寺今存。

积翠坊

创作于
1950 年 6 月 20 日

整理者注
积翠坊，在今北海公园内，与堆云坊遥遥相对，为三间四柱三楼的木牌楼，是自团城通往琼岛的积翠堆云桥的桥头牌楼，这种牌楼不仅作为桥梁津渡的指示标志，而且也是桥梁津渡的建筑艺术装饰，增添了桥梁的美观性。

积翠堆云桥

创作于
1950年7月20日

章可先生考
《三海见闻志》：积翠堆云桥，规制较金鳌玉蝀稍小。《金鳌退食笔记》载：元时宫阙，云万寿山前有白玉石桥，长二百余丈，直抵仪天殿，盖指金鳌玉蝀桥而言，又云山之东有石桥，长七十六丈，阔四十一丈半，为石渠以载金水而流于山后，以汲于山巅也，盖指积翠堆云桥而言。是两桥皆始于元，而名称则定于清初也。

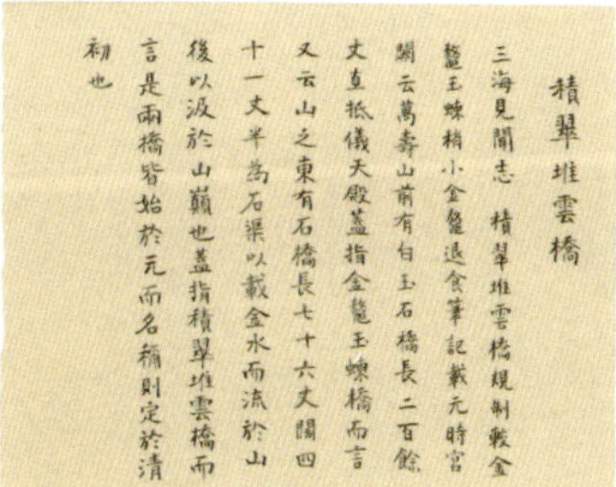
積翠堆雲橋
三海見聞志　積翠堆雲橋規制較金
鼇玉蝀稍小金鼇退食筆記載元時宮
闕云萬壽山前有白玉石橋長二百餘
丈直抵儀天殿蓋指金鼇玉蝀橋而言
又云山之東有石橋長七十六丈闊四
十一丈半為石渠以載金水而流於山
後以汲於山巔也蓋指積翠堆雲橋而
言是兩橋皆始於元而名稱則定於清
初也

NO-017

团城与积翠坊桥

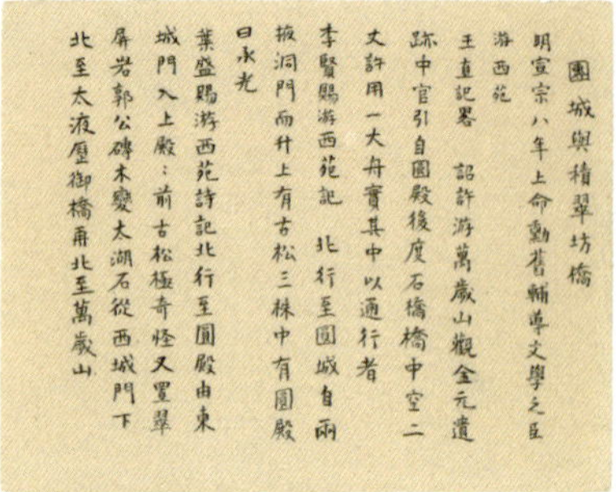
團城與積翠坊橋
明宣宗八年上命勳舊輔導文學之臣
游西苑
王直記畧　詔許游萬歲山觀金元遺
跡中官引自圓殿後度石橋橋中空二
丈許用一大舟實其中以通行者
李賢賜游西苑記　北行至圓城自兩
掖洞門而升上有古松三株中有圓殿
曰承光
葉盛賜游西苑詩記北行至圓殿由東
城門入上殿：前古松極奇怪又置翠
屏岩郭公碑木變太湖石從西城門下
北至太液歷御橋再北至萬歲山

创作于

1950 年 7 月 6 日

章可先生考

明宣宗（宣德）八年，上命勋旧辅导文学之臣游西苑。

王直《记略》：诏许游万岁山，观金元遗迹，中官引自圆殿后度石桥，桥中空二丈许，用一大舟实其中，以通行者。

李贤《赐游西苑记》：北行，至圆城，自两掖洞门而升，上有古松三株，中有圆殿，曰承光。

叶盛《赐游西苑诗记》：北行至圆殿，由东城门入，上殿，殿前古松极奇怪，又置翠屏岩、郭公砖、木变、太湖石，从西城门下，北至太液，历御桥，再北至万岁山。

整理者注

明宣宗八年即公元 1433 年。

北海组图

NO-017

昆明湖北岸远望

创作于

1950 年 7 月 8 日

整理者注

从昆明湖北岸远望，远处为西堤六桥，十七孔桥廓如亭。

玉峰塔（疑似）

创作于

1950 年 7 月 4 日

整理者注

疑为玉峰塔，玉峰塔也称“大塔”或“定光塔”，位于北京西北的玉泉山主峰上香积寺内，建于清乾隆年间，作者应在颐和园内画的。

从颐和园远眺玉泉山的玉峰塔

整理者注

作者章可先生从颐和园昆明湖畔远眺玉泉山的玉峰塔。

荇桥

创作于

1950年7月8日

整理者注

该图所示为颐和园的荇桥，该桥位于颐和园清晏舫后面，横跨于武圣祠岛与寄澜堂之间的河道上，该河道颐和园内称为“万字河”。荇桥以北为万字河北段，蜿蜒北行，直通“宿云檐”城关。荇桥建于清乾隆年间，光绪年间重修，为三孔桥，桥墩上雕刻有斗拱及石狮，技艺精湛，桥上建敞亭三，庑殿顶，上覆琉璃瓦，登桥远望，昆明湖美景尽收眼底。荇桥之名意登桥俯视，水清见底，荇藻逐波荡漾，因此取名荇桥。

远望排云殿、佛香阁

创作于

1950 年 7 月 8 日

整理者注

因为作者从颐和园昆明湖南岸远望排云殿、佛香阁。

未确认（一）

未确认（二）

创作于

1950 年 7 月 8 日

整理者注

该图绘于 1950 年 7 月 8 日，这段时间作者驻足于颐和园，估计该建筑当为颐和园中景观，具体地点未确认。

NO-001

景山

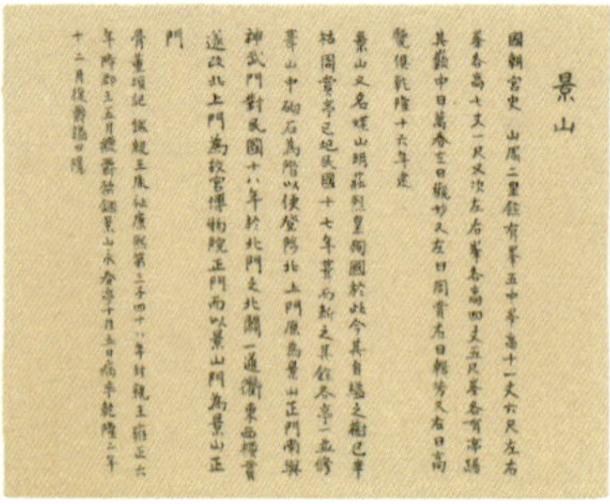
景山
國朝宮史 山周二里餘有峯五中峯高十一丈六尺左右
峯各高七丈一尺又次左右峯各高四丈五尺峯各有亭踞
其巔中曰萬春左曰觀妙又左曰周賞右曰輯芳又右曰高
覽俱乾隆十六年建
景山又名煤山明莊烈皇殉國於此今其自縊之樹已半
枯周賞亭已圮民國十七年葺而新之其餘各亭一並修
葺山中砌石為階以便登陟北上門原為景山正門南與
神武門對民國十八年於北門之北闢一通衢東西橫貫
遂改北上門為故宮博物院正門而以景山門為景山正
門
骨董瑣記 誠親王胤祉康熙第三子四十八年封親王雍正六
年降郡王五月褫爵禁錮景山永春亭十月五日病卒乾隆二年
十二月復爵謚曰隱

创作于

1950 年 6 月 24 日

章可先生考

《国朝宫史》：山周二里余，有峰五，中峰高十一丈六尺，左右峰各高七丈一尺，又次左右峰各高四丈五尺，峰各有亭，踞其巅，中曰万春，左曰观妙，又左曰周赏，右曰辑芳，又右曰高（富）览，俱乾隆十六年建。

景山又名煤山，明庄烈皇殉国于此。今其自缢之树已半枯，周赏亭已圮，民国十七年葺而新之，其余各亭一并修葺，山中砌石为阶，以便登陟，北上门原为景山正门，南与神武门对，民国十八年于北门之北，辟一通衢，东西横贯，遂改北上门为故宫博物院正门，而以景山门为景山正门。

《骨董琐记》：诚亲王胤祉，康熙第三子，四十八年封亲王，雍正六年降郡王，（八年二月得亲王，）五月褫爵禁锢景山永春亭，十月五日病卒，乾隆二年十二月复爵，谥曰隐。

整理者注

① 清康熙四十八年即公元 1709 年，雍正六年即公元 1728 年，乾隆二年即公元 1737 年。民国十七年即公元 1928 年。

② “高览亭”应为“富览亭”。

“《骨董琐记》诚亲王胤祉……五月褫爵禁锢景山永春亭……”有说“禁锢景山永安亭”，又说“万春亭”。《清史稿》中记有“（雍正八年五月）诚亲王允祉革爵圈禁于景山永安亭”以及“（雍正十年闰五月）允祉死于景山永安亭禁所”。

景山组图

NO-001

从景山远望故宫

社稷坛

创作于

1950 年 3 月 16 日

章可先生考

坛在阙右，制方，北向，二成，高四尺，上成方五丈，二成方五丈三尺，四出陛，各三级，皆白石，上成以五色土辨方分筑，内壝方七十六丈四尺，高四尺，厚二尺，甃以四色琉璃砖，各随方色，覆瓦亦如之，门内各二柱，柱及楣阈皆白石，扉皆朱棂，内壝西北瘗坎二。坛北拜殿戟门各五间，上覆黄琉璃，前后各三出陛，内壝西南神库、神厨各五间，井一。坛垣周二百六十八丈四尺，内外丹雘，覆以黄瓦，北三门，东西南各一门，西门外宰牲亭一，井一。北门外东北隅正门一，左右门各一，南门外东南惟社稷街门，东北为左门，均东向。

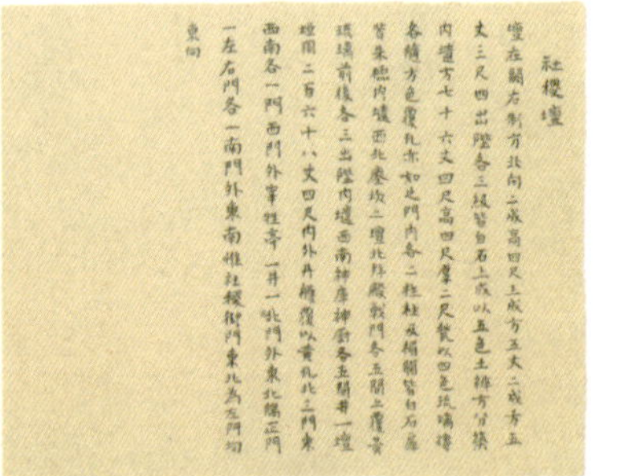
社稷壇

壇在闕右制方北向二成高四尺上成方五丈二成方五丈三尺四出陛各三級皆白石上成以五色土辨方分築內壝方七十六丈四尺高四尺厚二尺甃以四色琉璃磚各隨方色覆瓦亦如之門內各二柱柱及楣閾皆白石扉皆朱櫺內壝西北瘞坎二壇北拜殿戟門各五間上覆黃琉璃前後各三出陛內壝西南神庫神廚各五間井一壇垣周二百六十八丈四尺內外丹雘覆以黃瓦北三門東西南各一門西門外宰牲亭一井一北門外東北隅正門一左右門各一南門外東南惟社稷街門東北為左門均東向

四宜轩

创作于
1951年3月28日

（1928年）改名为中山公园。

章可先生考

四宜轩，中央公园内，四面皆水还（环）轩，有花坛、垂柳。

整理者注

中央公园即中山公园，民国三年（1914年）十月十日开放，定名中央公园，民国十七年

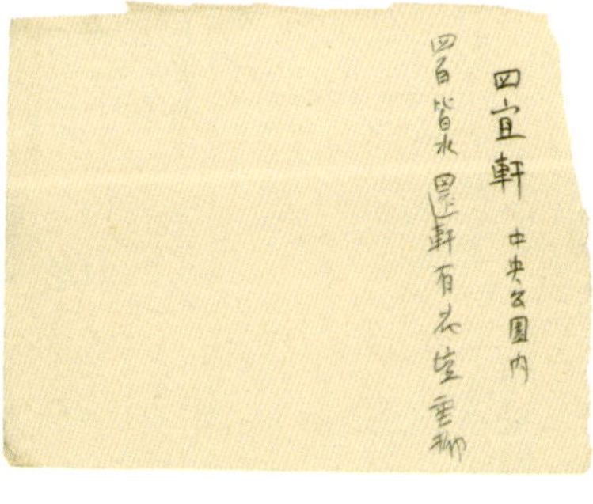

整理者注：

这一组图绘于1954年、1970年、1975年时期。所示之十三陵位于北京北郊昌平境内，这里埋葬着明代十三个皇帝：成祖朱棣葬于长陵，仁宗朱高炽葬于献陵，宣宗朱瞻基葬于景陵，英宗朱祁镇葬于裕陵，宪宗朱见深葬于茂陵，孝宗朱祐樘葬于泰陵，武宗朱厚照葬于康陵，世宗朱厚熜葬于永陵，穆宗朱载垕葬于昭陵，神宗朱翊钧葬于定陵，光宗朱常洛葬于庆陵，熹宗朱由校葬于德陵，思宗朱由检葬于思陵。时至1959年时，定陵博物馆正式对公众开放。

献陵

创作于

1954 年 11 月 3 日

整理者注

明献陵是明朝第四位皇帝明仁宗和皇后张氏的陵墓，陪葬恭肃贵妃郭氏墓，坐落在北京西北郊昌平区境内的燕山山麓的天寿山，是明十三陵之一。

定陵

创作于

1954 **年** 11 **月** 5 **日**

整理者注

明定陵是明代第十三帝神宗显皇帝朱翊钧（年号万历）的陵墓，还葬有他的两个皇后（孝端显皇后、孝靖皇后），坐落在大峪山下，建于 1584—1590 年（万历十二年至万历十八年）。1956 年我国对明定陵进行挖掘，后建有定陵博物馆。

长陵

创作于

1954 年 11 月 5 日

整理者注

明长陵为明十三陵之首，是明成祖朱棣和皇后徐氏的合葬墓，位于北京市昌平区天寿山主峰南麓，建于永乐七年（1409 年）。

明楼

整理者注

应为十三陵某陵的明楼。

由长陵东望

创作于

1970 年 5 月 17 日

由定陵望昭陵

创作于

1975 年 11 月 21 日

整理者注

明昭陵，明十三陵之一，位于北京市昌平区大峪山东麓，是明朝第十二位皇帝穆宗朱载坖及其三位皇后的合葬陵寝。

太庙

创作于

1949 年 12 月 24 日

章可先生考

明永乐十八年建，清顺治元年重修，乾隆元年缮修。

整理者注

① 明永乐十八年即公元 1420 年。

清顺治元年即公元 1644 年，乾隆元年即公元 1736 年。

② 图为太庙琉璃门。

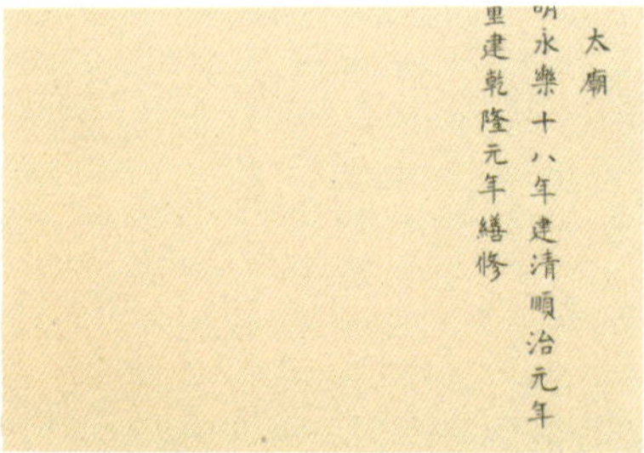
太廟
明永樂十八年建清順治元年
重建乾隆元年繕修

太庙前殿

创作于

1949年12月19日

章可先生考

前殿十有一间，重檐脊四，下沉香柱。阶三成，缭以石阑，正南及左右凡五出陛，一成四级，二成五级，三成中十一级，左右九级，凡岁暮大祫日，王公二人，各率宗室官奉列祖暨后神位合祀于此，时向（享）祗奉中殿神位，祧庙主不与焉。

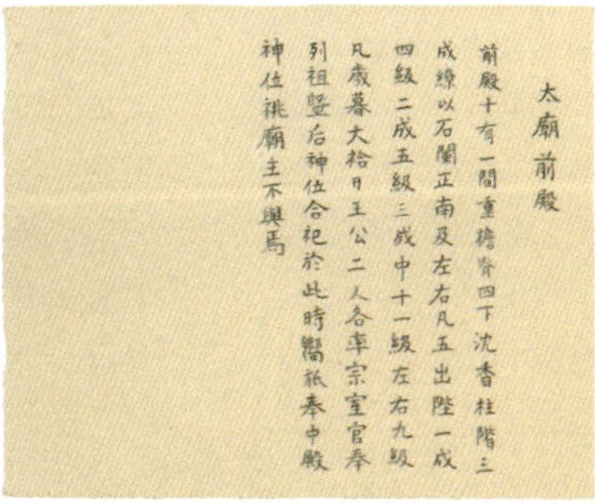

太廟前殿

前殿十有一間重檐脊四下沈香柱階三成繚以石闌正南及左右凡五出陛一成四級二成五級三成中十一級左右九級凡歲暮大祫日王公二人各率宗室官奉列祖暨后神位合祀於此時嚮祇奉中殿神位祧廟主不與焉

太庙前殿东庑

创作于

1950 年 6 月 30 日

章可先生考

两庑各十有五间，东庑为配向（享）王公位，西庑为配向（享）功臣位，东庑前、西庑南，燎炉各一。

尤侗《孟夏时享恭纪》：祖德开基远，宗公创业宏。显承三后配，享祀四时成。禴祭宜昭告，斋居致洁诚。诹辰逢令日，辨色讶新晴。肃肃銮舆转，骎骎羽骑行。千官趋剑佩，百辟拜簪缨。仙仗排空静，炉香入座清。尊彝陈酒醴，俎豆荐粢盛。舞按咸池节，歌谐仲吕声。皇哉通陟降，允矣格幽明。肸向（享）纯禧集，居歆景福并。嵩呼称万岁，四海乐升平。

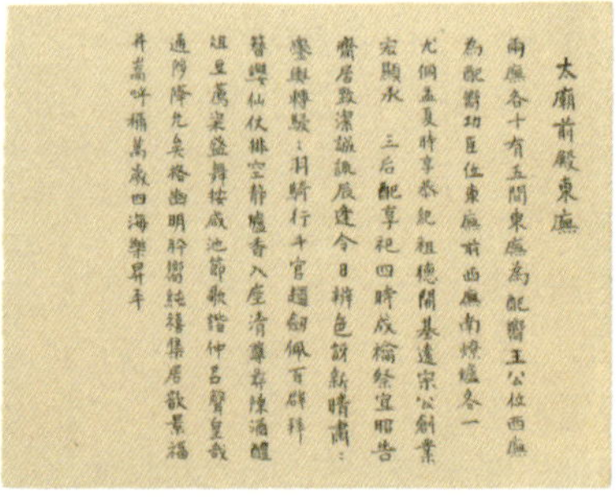

六角鎏金斗拱井亭

创作于
1950 年 7 月 20 日

中华门（一）

创作于
1951 年 2 月 14 日

整理者注
图中所示三拱门为中华门，砖石结构，复单檐，歇山顶，清时称大清门，民国以后改称中华门，1956 年拆除，修建天安门广场和人民英雄纪念碑。中华门后面城楼为正阳门城楼。中华门今无。

中华门（二）

创作于
1953 年 8 月 28 日

午门（一）

创作于

1949 年 12 月 1 日

章可先生考

门三阙，上覆重楼九楹，彤扉六十六间，前左设嘉量一，右设日圭一，阙西向者曰左掖门，东向者曰右掖门，阁道盘云，明廊回起，两观翼耸，与中相辅，俗所谓五凤楼也，凡颁朔，宣旨，常朝俱于此。国有大征讨，凯旋献俘，楼上正中设宝座，皇帝御楼受焉，楼上置钟鼓，凡视朝则鸣钟鼓于楼上，驾出入午门亦如之。亲祀坛庙，出午门以钟，时向（享）太庙以鼓，民国十四年，历史博物馆移于午门之上，午门为紫禁城正门。

《大清会典事例》：紫禁城内系镶黄、正黄、正白三旗轮流值班，其紫禁城外围，系正红、镶红（、镶白）、正蓝、镶蓝五旗轮流值班。

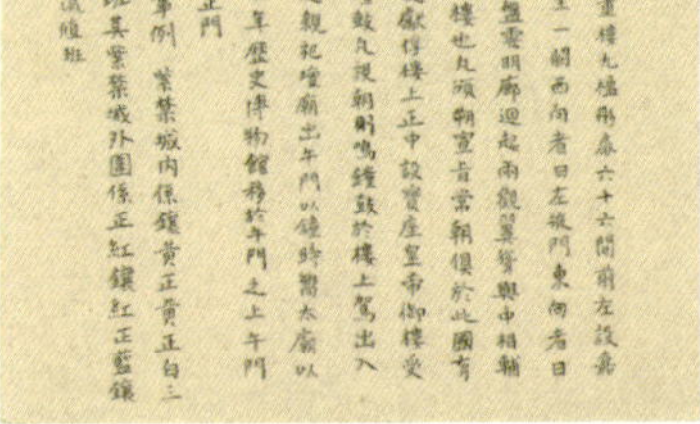
午門

門三闕上覆重樓九楹彤扉六十六間前左設嘉量一右設日圭一闕西向者曰左掖門東向者曰右掖門閣道盤雲明廊迴起兩觀翼聳與中相輔俗所謂五鳳樓也凡頒朔宣旨常朝俱於此國有大征討凱旋獻俘樓上正中設寶座皇帝御樓受焉樓上置鐘鼓凡視朝則鳴鐘鼓於樓上駕出入午門亦如之親祀壇廟出午門以鐘時嚮太廟以鼓民國十四年歷史博物館移於午門之上午門為紫禁城正門

大清會典事例 紫禁城內係鑲黃正黃正白三旗輪流值班其紫禁城外圍係正紅鑲紅正藍鑲藍五旗輪流值班

午门（二）

创作于
1950 年 8 月 25 日

章可先生考
《国朝宫史》：午门为门三，文武官出入皆由左，其右门惟宗室王公得行之。两观间掖门左右相对，门中各折而北入，不常启。惟大朝陞（升）殿，百官各以东西班次由掖门入，殿试文官进士，鸿胪寺按中式名次引入，一名由左，二名由右，余仿此。
一九五五年夏拆顶而重修之，且用红土补缀，琉璃瓦遂不复金黄。

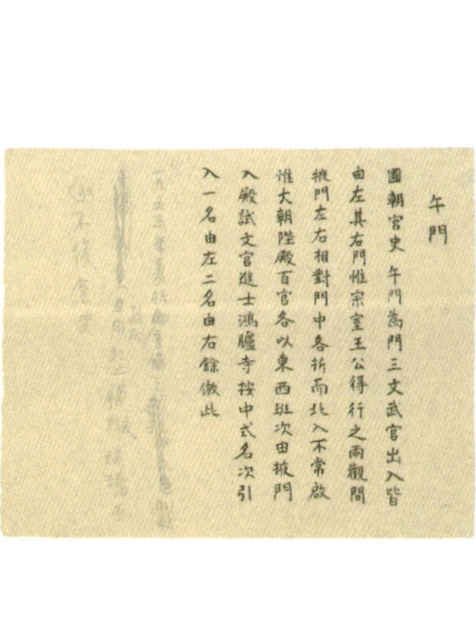
午門
國朝宮史 午門爲門三文武官出入皆由左其右門惟宗室王公得行之兩觀間掖門左右相對門中各折而北入不常啟惟大朝陞殿百官各以東西班次由掖門入殿試文官進士鴻臚寺按中式名次引入一名由左二名由右餘倣此

NO-003

五凤楼西侧

创作于

1949 年 12 月 18 日

章可先生考

元大内在太液池之东，明初燕王建国，即元隆福、兴圣宫为邸，在太液池之西。永乐间改建都城，乃以燕邸暨元大内为西苑，宫城则徙而之东，清因之。明代皇城以内，外人不得入，紫禁城以内，朝官不得入，奏事者至午门而止。

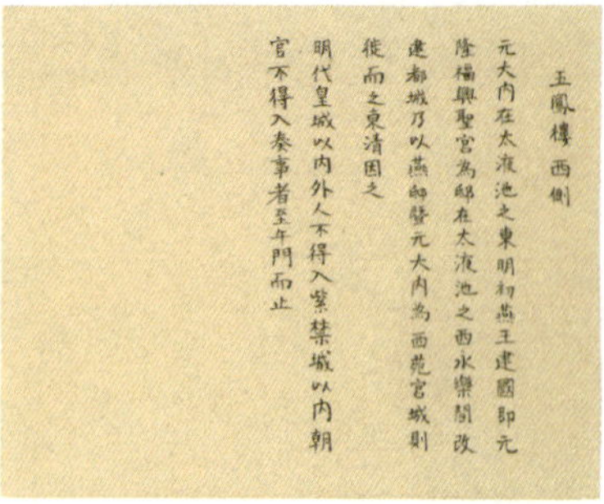
五鳳樓西側

元大內在太液池之東明初燕王建國即元隆福興聖宮為邸在太液池之西永樂間改建都城乃以燕邸暨元大內為西苑宮城則徙而之東清因之

明代皇城以內外人不得入紫禁城以內朝官不得入奏事者至午門而止

18.12.1949

NO-001

端门

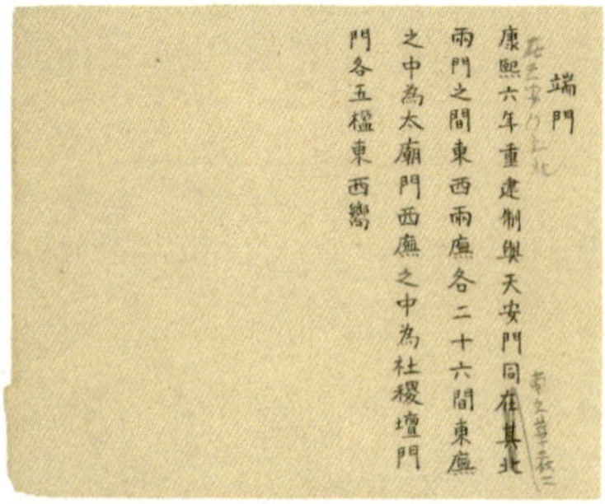
端門
在天安門之北
康熙六年重建制與天安門同在其北
南立華表二
兩門之間東西兩廡各二十六間東廡
之中為太廟門西廡之中為社稷壇門
門各五楹東西嚮

创作于

1950 年 4 月 9 日

章可先生考

端门，在天安门之北。

康熙六年重建，制与天安门同。南立华表二，两门之间，东西两庑各二十六间。东庑之中为太庙门，西庑之中为社稷坛门，门各五楹，东西向。（两庑之北正中南向者为端门。）

整理者注

清康熙六年即公元 1667 年。

端门

NO-001

天安门（一）

创作于

1950 年 7 月 16 日

章可先生考

《宸垣识略》：两长安门之中南向为天安门，五阙，上覆重楼九间，为皇城正门。前环金水河，跨石梁七，即外金水桥也。前立华表二，门内立华表二，凡颁诏，设金凤朵云于天安门上堞口正中，宣诏官朝服，领耆老咸集，行礼奉诏，承朵云出金凤衔下。

毛奇龄《天安门颁诏》诗：双阙平明卷雾开，九重颁诏出层台。幡悬木凤衔书舞，仗立金鸡下赦来。彩楼横时天宇阔，黄封展尽圣心裁。策灾本是贤良事，何处还寻杜谷才。

长元按：天安门明曰承天，本朝顺治间改。

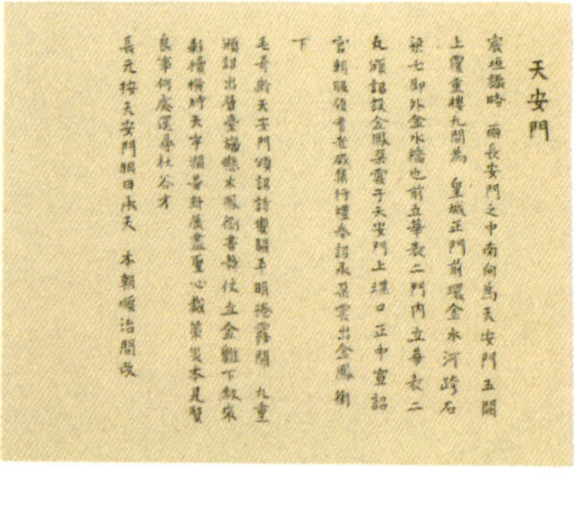
天安門
宸垣識略 兩長安門之中南向為天安門五闕
上覆重樓九間為 皇城正門前環金水河跨石
梁七即外金水橋也前立華表二門內立華表二
凡頒詔設金鳳朵雲于天安門上堞口正中宣詔
官朝服領耆老咸集行禮奉詔承朵雲出金鳳銜
下
毛奇齡天安門頒詔詩雙闕平明捲霧開 九重
頒詔出層臺幡懸木鳳銜書舞仗立金雞下赦來
彩樓橫時天宇闊黃封展盡聖心裁策災本是賢
良事何處還尋杜谷才
長元按天安門明曰承天 本朝順治間改

天安门（二）

章可先生考

大明门内日承天之门，其内之东一门，内则太庙也，西一门，内则太社太稷也。

右《芜史》。

成化元年三月，命工部尚书白圭董造承天门。

右《宪宗实录》。

颁诏，例置诏于楼，以绳自承天门缒下。

右《国史唯疑》。

整理者注

明成化元年即公元1465年。

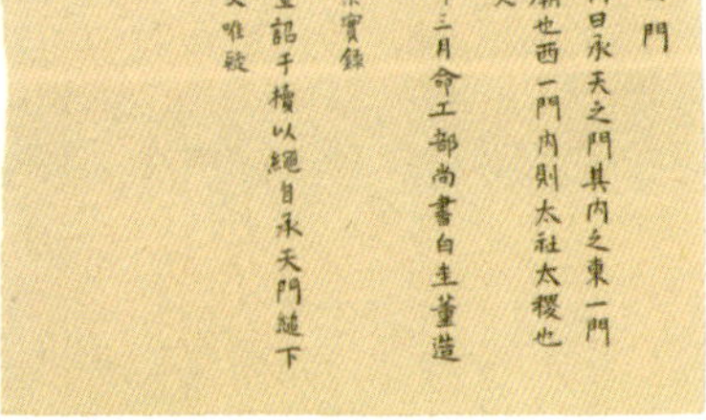
天安門
大明門內曰承天之門其內之東一門
內則太廟也西一門內則太社太稷也
右蕪史
成化元年三月命工部尚書白圭董造
承天門
右憲宗實錄
頒詔例置詔于樓以繩自承天門縋下
右國史唯疑

NO-003

三座门

章可先生考

一九五五年已拆除之两道三座门。

整理者注

三座门今无。

天安门组图

NO-003

浴德殿

章可先生考

殿内额日抑斋，其后为翠云馆，乾隆帝幼时居重华宫，洁治西厢为书室而之日抑斋，帝为皇子时曾居圆明园长春仙馆，亦颜其书室为抑斋。

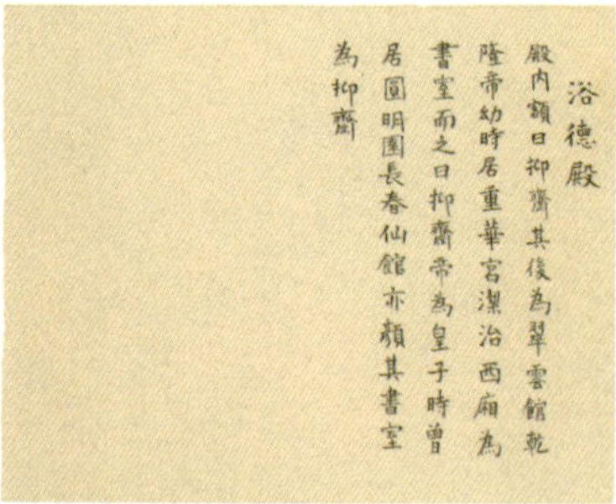

浴德殿

殿內額曰抑齋其後為翠雲館乾隆帝幼時居重華宮潔治西廂為書室而之日抑齋帝為皇子時曾居圓明園長春仙館亦顏其書室為抑齋

武英殿

创作于

1950 年 7 月 25 日

整理者注

武英殿在西华门内，门前御河环绕，石桥三座周以石槛，殿广五楹，东西陛九级，东庑曰凝道殿，西庑曰焕章殿，后为敬思殿。明末李自成曾称帝于此，至清时武英殿成为贮藏书籍之所，凡钦定命刊各书，俱于此校刻装潢。民国以后，武英殿归属古物陈列所，陈列商周秦汉各代古铜彝器以及各种古玩珍品。

右翼门

创作于

1951 年 3 月 1 日

整理者注

右翼门，在太和殿附近，《燕都丛考》载："凡闲人毋许擅入禁门，又凡王公大臣员进午门、东华门、西华门、神武门、所带仆从人等，均有限制。自王以下至文职三品、武职二品以上，并内廷行走各官所带之人，准其至景运门、隆宗门，此外跟随之人，概令于左翼门、右翼门台阶下为止。其经由神武门者，出入俱令循东西夹道行走，勿许附近景运门、隆宗门外停立。"

宏义阁

整理者注

位于故宫太和门与太和殿之间的“太和广场”之西侧，与东侧之体仁阁遥遥相对，两阁规制相同，各重楼九楹，皆东西向。廊庑四周相接，为内务府银库、衣库、缎库、皮库及茶、瓷分庋之所。

本图所示为作者从太和门西望宏义阁。

体仁阁

创作于

1951 年 3 月 8 日

章可先生考

皇乾殿。

整理者注

① 此图建筑应为故宫体仁阁，位于太和门与太和殿之间的“太和广场”之东侧。与西侧之宏义阁遥遥相对。体仁阁与宏义阁规制相同，各重楼九楹，皆东西向。廊庑四周相接，为内务府银库、缎库、皮库及茶、瓷分庋之所。

该图所示为作者从太和门东望体仁阁。

② 皇乾殿应在天坛，是专为平时供奉“皇天上帝”和皇帝列祖列宗神版的殿宇。

神武门

创作于

1951年3月8日

整理者注

紫禁城之北门，明代称玄武门，清避康熙讳，遂改为神武门。神武门门楼五楹，报夜之更鼓于门楼之上，民国时期，神武门门楼内陈列清代銮舆仪仗诸物。今神武门为故宫博物院之北门。

NO-007

贞度门

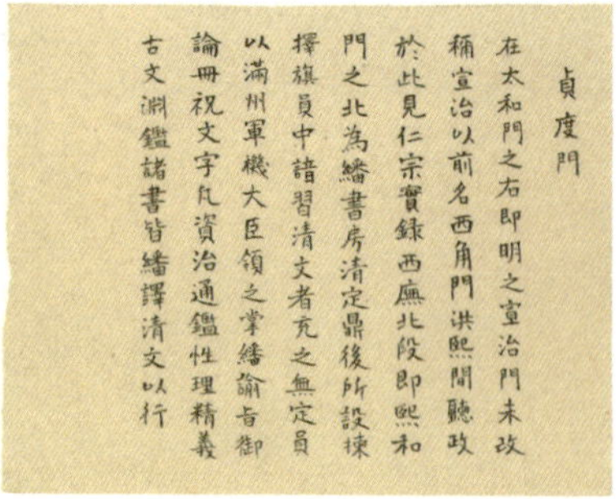
贞度門

在太和門之右即明之宣治門未改
稱宣治以前名西角門洪熙間聽政
於此見仁宗實錄西廡北段即熙和
門之北為繙書房清定鼎後所設揀
擇旗員中諳習清文者充之無定員
以滿州軍機大臣領之掌繙諭旨御
論冊祝文字凡資治通鑑性理精義
古文淵鑑諸書皆繙譯清文以行

创作于

1950 年 2 月 17 日

章可先生考

在太和门之右，即明之宣治门，未改称宣治以前，名西角门，洪熙间听政于此。见《仁宗实录》。西庑北段，即熙和门之北，为翻书房，清定鼎后所设，拣择旗员中谙习清文者充之，无定员，以满州军机大臣领之，掌翻谕旨、御谕、册祝文字，凡《资治通鉴》《性理精义》《古文渊鉴》诸书，皆翻译清文以行。

NO-008

东华门

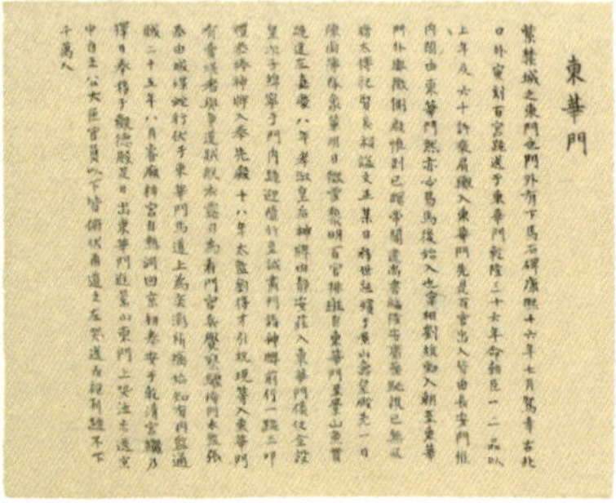
東華門

创作于

1951 年 7 月 16 日

章可先生考

紫禁城之东门也，门外有下马石碑，康熙十六年七月，驾幸古北口外，寅刻，百官跪送于东华门。乾隆三十六年，命朝臣一二品以上年及六十，许乘肩舆入东华门。先是，百官出入皆由长安门，惟内阁由东华门。然亦必易马后始入也。宰相刘统勋入朝，至东华门外，舆微侧，启帷则已瞑。帝闻，遣尚书福隆安赍药驰视，已无及。赠太傅，祀贤良祠，谥文正。某日，移世祖殡于景山寿皇殿。先一日，陈卤簿队象辇。明日，微雪，黎明，百官排班，自东华门至景山，鱼贯跪道左。嘉庆八年，孝淑皇后神牌由静安庄入东华门，仪仗全设，皇次子绵宁于门内跪迎，随行至诚肃门，诣神牌前，行一跪三叩礼，恭捧神牌入奉先殿。十八年，太监刘得才引祝现等入东华门，有卖煤者与争道，贼脱衣露刃，为看门官兵觉察，骤掩门。太监张泰由城堞蛇行，伏于东华门马道上，为奕灏所擒，始知有内监通贼，二十五年八月，睿庙梓宫自热河回京，初，奉安于乾清宫，继乃择日奉移于观德殿。是日，出东华门进景山东门，上哭泣步送。京中自王公大臣官员以下，皆俯伏甬道之左哭送，白袍列跪，不下千万人。

整理者注

① 该图所示为作者从午门上远望东华门。

② 清康熙十六年即公元 1677 年，乾隆三十六年即公元 1771 年，嘉庆八年即公元 1803 年。

故宫组图

NO-007

NO-008

从午门城台（午门西雁翅楼附近）远望太庙正殿

创作于

1951 年 3 月 17 日

在东二长街钟粹宫至斋宫之间，由北向南望

创作于

1951 年 8 月 11 日

乾清门

创作于

1950年8月5日

整理者注

乾清门，门广五楹，中门三，陛三出，各九级，前列二座金狮，皇帝御门听政之时，在此陈设御座黼扆，部院以次奏事，召对臣工，引见庶僚，皆由乾清门右门出入。内廷行走大臣官员，俱得由之，乾清门左为内左门，右为内右门，皆南向。内左门不常开启，凡内官及承应人等出入，由内右门出入；军机大臣、南书房翰林、内务府大臣官员出入，亦得由之。内左门之东，内右门之西，有房屋各十二楹。东为文武大臣奏事等候之地，西为侍卫房及内务府军机处值班之所，建于乾隆十二年（1747年）。

景仁门

御书房

创作于

1950 年 8 月 9 日

整理者注

御书房，西南角有井亭。

故宫东六宫永和宫一带（疑似）

创作于

1950年8月9日

长春宫西侧的承禧殿

创作于

1950 年 8 月 26 日

丽景轩

创作于

1950 年 8 月 26 日

乾清宫后面

创作于

1950 年 8 月 5 日

太和门（一）

创作于

1950 年 7 月 5 日

太和门（二）

整理者注

该图所示为太和门，内金水桥附近，即太和广场。

太和殿

创作于

1950 年 8 月 5 日

太和殿前

创作于

1951年1月30日

整理者注

该图所示为太和殿前，前方建筑依次为太和门、午门。

故宫御花园内千秋亭

畅音阁附近，乐寿堂前

创作于
1950年8月11日

西六宫体元殿

创作于
1950年8月11日

故宫宁寿门

创作于
1950 年 8 月 11 日

未确认

整理者注

① 该图未标明创作时间，与创作于 1953 年 9 月 5 日的德胜门箭楼前后排序，具体地点待考，应为皇城（今故宫内）建筑，因为是重檐建筑，似是城门。

② 重檐是中国传统建筑之有两层或多层屋檐者。主要用于高级的庑殿、歇山和追求高耸效果的攒尖顶，形成重檐庑殿、重檐歇山和重檐攒尖三大类别。重檐庑殿顶是清代所有殿顶中最高等级。重檐歇山顶是等级上仅次于它的建筑。重檐庑殿是“四出水”的五脊四坡式，又叫五脊殿，歇山顶亦叫九脊殿。

一个人的北京城

下篇

其他建筑

芥子园

章可先生考

芥子园，韩家潭甲十四号。

《宸垣识略》：芥子园在韩家潭，康熙初年，钱塘李笠翁渔寓居，今为广东会馆。长元按：笠翁在江宁省城，有所刊画谱三集行世，京寓亦仍是名。

整理者注

芥子园故址在今西城区（原宣武区）韩家胡同25号，韩家胡同即原韩家潭。清朝康熙初年的戏剧评论家李渔是南方人，在韩家潭宅院内，自己设计并主持建造了一座形似家乡的园林，乃称“芥子园”，寓意园子小如芥子。园子小巧玲珑、假山叠翠，闻名京师，成为当时名士的汇聚之处，名流们常在此诗酒流连，小园子名满京城。很多著名画家，起步学艺都是从芥子园开始的，如齐白石等。李渔在这里还编印了绘画技法的范本《芥子园画传》，这是学国画必须临摹的经典。

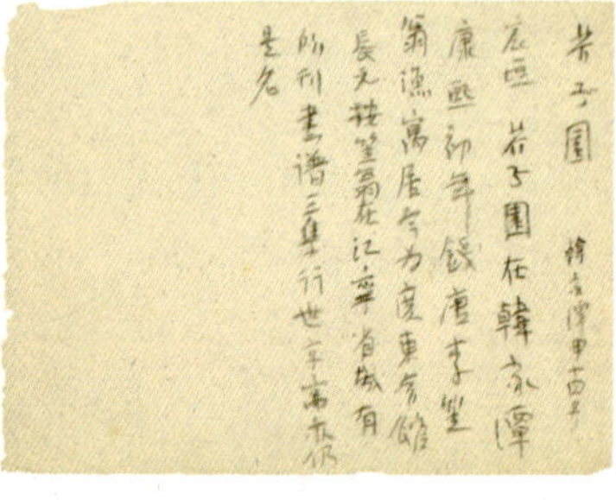

芥子園 韓家潭甲十四号

宸垣 芥子園在韓家潭 康熙初年錢唐李笠翁漁寓居今為廣東會館 長元按笠翁在江寧省城有所刊畫譜三集行世京寓亦仍是名

南海会馆

章可先生考

康有为于光绪十四年戊子五月始来京师，居南海会馆七树堂，东廊壁间旧有吴荣光所刻苏东坡《观海堂帖》，时康有为闲著《广艺舟双楫》。十一月初，上变法书，即草创于是。自同治初黎莼斋以后，数十年中无布衣上书者，闻者哗然，明年，南行。自是，每入京率寓南海会馆。丁酉年十二月十三日，有为又开强学会于此，戊戌三月二十二日，先生乘礼部会试之期，集各省计偕诸人，开保国会于南横街粤东会馆，到者数百人公举有为敷讲政论。先一月有为弟广仁来自沪，与同居。

民国丁酉，康有为再来北京，寓法源寺。

整理者注

① 光绪十四年即公元1888年。

丁酉年即公元1897年。民国丁酉年应为民国辛酉年，即公元1921年。

② 南海会馆故址在西城区（原宣武区）米市胡同43号，今为市文物保护单位，但“七树堂”已荡然无存。

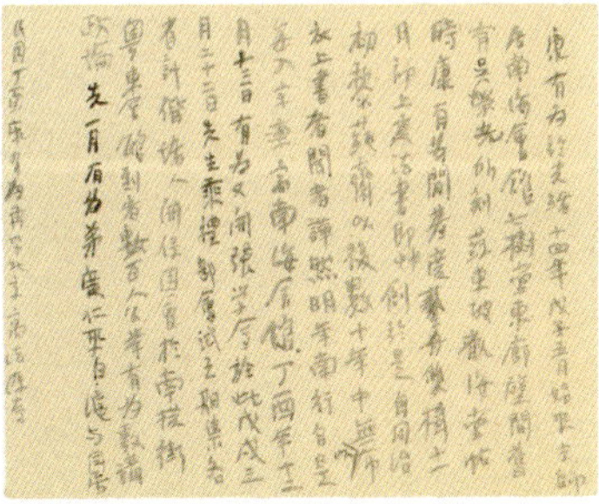

南海会馆盛衣冠处

整理者注

注释《山海经》的东晋人郭璞说过“南海盛衣冠之气”，意指南海是人才辈出之地。

粤东会馆

创作于

1953年9月14日

整理者注

粤东会馆即是粤东新馆，其址在宣武区南横西街11号，始建于十九世纪中叶，相传是清初名胜怡园的一部分。清光绪二十四年（1898年）4月12日，戊戌变法的首领人物康有为在此成立了全国性的重要政治团体保国会。1912年9月11日，孙中山先生曾在此出席粤省旅京人士欢迎会，并留影于门前。如今该处已被定为区级文物保护单位。粤东会馆（新馆）有前后两院、戏楼、花园等建筑，戏楼、花园俱毁，唯原保国会的正房尚在。在粤东会馆门口还悬有“清光绪戊戌政变前公车上书议政之所”的横匾。

曝书亭

创作于

1953 年 9 月 15 日

章可先生考

曝书亭，在顺德邑馆内。外二区宣武门外海北寺胡同。

此屋不似亭，或是朱彝尊宿处，是否庭内别有亭，无从考焉。数十年前，有一碑在此屋之右。

整理者注

① 据说曝书亭为朱彝尊曝晒书籍之处，故名之。顺德会馆 1984 年被列为北京市文物保护单位，名为朱彝尊故居。

② 海北寺街今名海柏胡同。

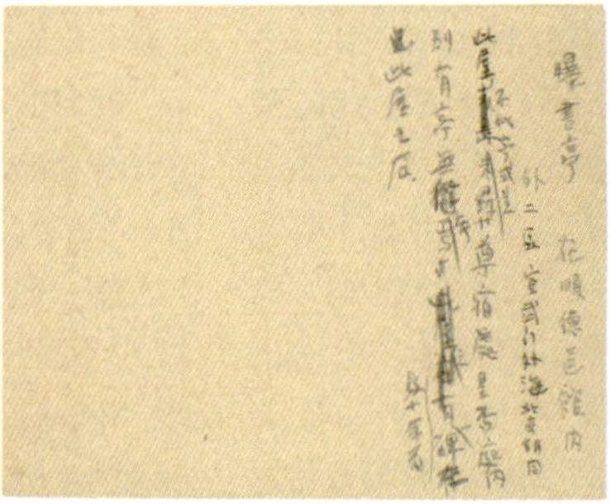

古藤书屋

创作于

1953年9月15日

章可先生考

古藤书屋，顺德邑馆内。一九五三年秋，我来此处闻屋后藤已于十数年前被斫除。

《日下旧闻考》：海波寺街旧有古藤书屋，朱彝尊尝居此，有移居及赠别诸诗。《东舍诗评·曲阜孔东塘尚任燕台杂兴诗》："藤花不是梧桐树，却得年年栖凤凰。"自笺："宜兴蒋京少景祁寓海波寺街古藤书屋，予与阮亭先生数过谈，朱竹垞、黄俞邰、周青士诸公先后寓此。"

《曝书亭集》：僦宅宣武门外，庭有藤二本，柽柳一株，旁帖湖石三五，可以坐客赋诗。

《宸垣识略》：朱竹垞寓居在海波寺街，有古藤书屋。朱彝尊《自禁垣移居宣武门外》诗：诏许携家具，书难定客踪。谁怜春梦断，犹听隔城钟。

整理者注

朱彝尊居在海波寺街时，将他的寓所取名"古藤书屋"。

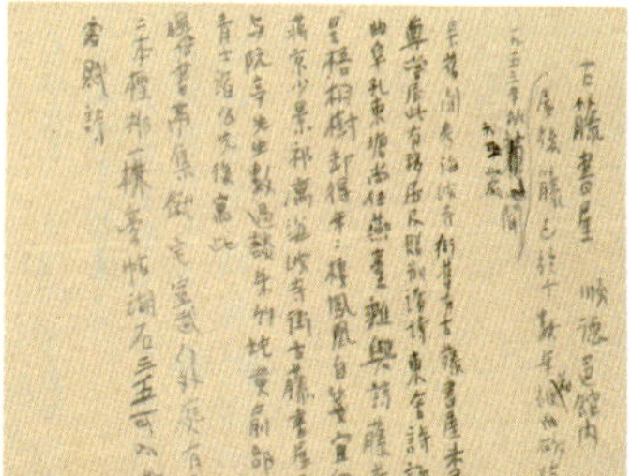
古藤書屋 順德邑館內
屋後藤已於十數年前被斫除
一九五三年秋來此處聞
日下舊聞考海波寺街舊有古藤書屋朱彝尊嘗居此有移居及贈別諸詩東舍詩評曲阜孔東塘尚任燕台雜興詩藤花不是梧桐樹却得年年栖鳳凰自箋宜興蔣京少景祁寓海波寺街古藤書屋予與阮亭先生數過談朱竹垞黃俞邰周青士諸公先後寓此
曝書亭集僦宅宣武門外庭有藤二本柽柳一株旁帖湖石三五可以坐客賦詩

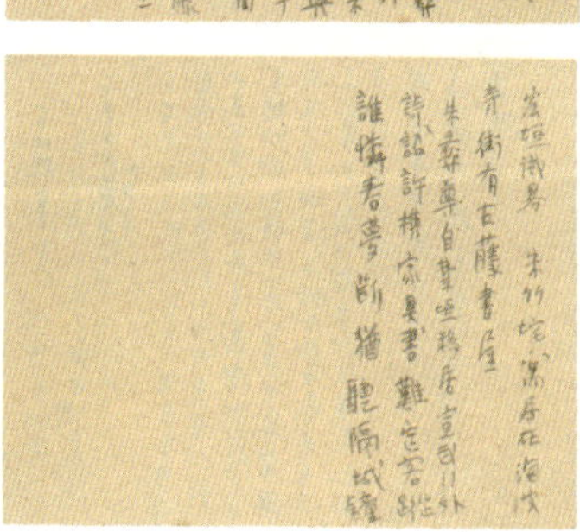
宸垣識略 朱竹垞寓居在海波寺街有古藤書屋
朱彝尊自禁垣移居宣武門外詩
詔許攜家具書難定客蹤
誰憐春夢斷猶聽隔城鐘

年羹尧宅

创作于

1953 年 9 月 15 日

章可先生考

年羹尧故宅，外二区上斜街五十四号，今为东莞新馆。

整理者注

① 章可先生所谓外二区上斜街，当为外四区。

② 年羹尧故宅其址在今西城区（原宣武区）宣武门外大街 56 号，2013 年此处院落为西城区普查登记文物保护单位。

番禺新馆

章可先生考

前清厂周家大院三号，今为番禺新馆。图中庭门似为明时建者，昔为庄有恭宅。

庄有恭，番禺人，字容可，号滋园。乾隆初，廷试第一，授修撰。景（累）官福建巡抚，所至有善政，书法出入颜、赵间。

《顺天府志》：前后清厂，清或作青。前清厂井一。有武阳、四川、广西、凤翔、汉中、榆林诸会馆。

旧有顺德会馆，今废。迤东日鹿角胡同。

整理者注

前清（应为青）厂今称前青厂胡同。此处因琉璃窑烧砖取土，形成许多大坑，积水成潭，称青厂潭。民国时巨潭成为荒圃。1965 年称今名。周家大院已为民居。

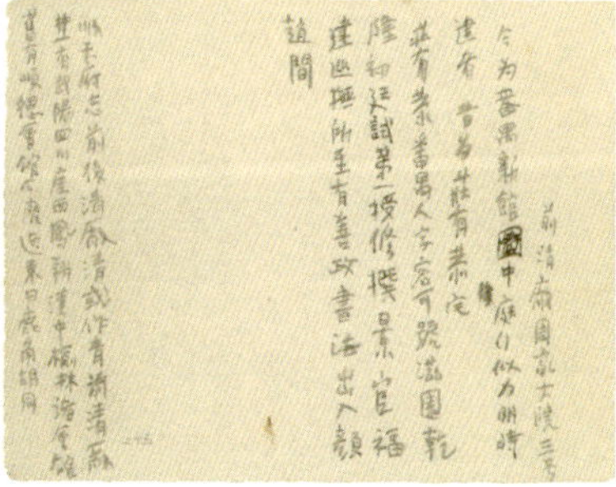

NO-009

龚定盦园

创作于

1953 年 9 月 30 日

整理者注

① 龚定盦，即龚自珍，字璱人，浙江仁和（今杭州）人，清道光九年（1829 年）进士。晚清著名思想家、学者、诗人。

② 龚定盦园为龚自珍故居，故址在今宣武门外上斜街 50 号，后改为广东番禺会馆，现为区级文物保护单位。

NO-009

NO-009

地安门外

创作于

1953年10月14日

整理者注

该图所示建筑大致位置在地安门外，具体地点无考。

远望内城东南角楼

整理者注

远处建筑当为内城东南角楼，二十世纪五六十年代修建地铁时因此地处于拐弯位置，若拆除会影响地铁运行而得以幸存。1982年2月23日，东南角箭楼被公布为第二批全国重点文物保护单位，近代为某人墓地，有石碑。

外城西北角箭楼

创作于

1953 年 11 月 31 日

整理者注

该图所示建筑为外城西北角箭楼，于 1957 年拆除，旧时北京外城四角皆有箭楼，其中外城西北角箭楼于 1957 年拆除，西南角箭楼于三十年代拆除，东北角箭楼于 1900 年毁于八国联军的炮火，东南角箭楼于二十世纪三十年代拆除。

正阳门

创作于

1949年12月1日

章可先生考

至元九年，大都城门十一，其正南者名丽正。永乐十七年十一月，拓南城，计二千七百余丈，则彼时诸南门更南移矣。正统四年四月，完成诸城楼，改名丽正为正阳。光绪二十六年，城楼被焚，此后修复，外国人将门东水门辟为一门，以便来往。正阳门本为瓮形，四面有门，平时闭其三。南门惟皇帝出入始开。民国三年，拆去东西瓮城，南门惟大总统出入始开。北门虽开，仅许人行。于北门之东西各辟二门，以便车马往来。

整理者注

元至元九年即公元1272年，明永乐十七年即公元1419年，正统四年即公元1439年，清光绪二十六年即公元1900年。民国三年即公元1914年。

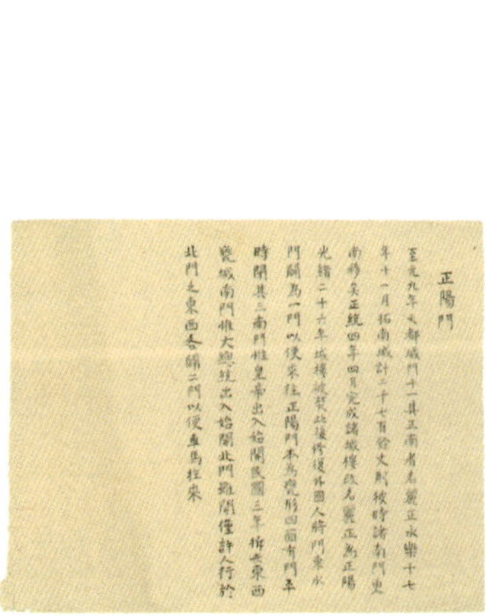
正陽門
至元九年大都城門十一其正南者名麗正永樂十七
年十一月拓南城計二千七百餘丈則彼時諸南門更
南移矣正統四年四月完成諸城樓改名麗正為正陽
光緒二十六年城樓被焚此後修復外國人將門東水
門闢為一門以便來往正陽門本為甕形四面有門平
時閉其三南門惟皇帝出入始開民國三年拆去東西
甕城南門惟大總統出入始開北門雖開僅許人行於
北門之東西各闢二門以便車馬往來

内城箭楼

创作于
1951 年 2 月 9 日

永定门箭楼

创作于

1953 年 11 月 5 日

章可先生考

《宸垣识略》：南日正阳门，俗称前门，元名丽正，明正统改今名，本朝因之。

明刑部右侍郎孟兆祥，崇祯甲申三月守正阳门，贼至，死于门下，本朝赐谥忠靖，子进士章明、妻何氏、妇王氏俱自缢。

整理者注

① 章可先生考有误，该图所示箭楼当为永定门箭楼，二十世纪五十年代末期因市政施工筑路而拆除。

② 明崇祯甲申年即公元 1644 年，所谓“贼至”即指李自成农民起义军攻打北京城。该史料引自正史，撰者为封建官僚士大夫阶层，他们是站在统治者的立场上来讲述这段史料的，故而将李自城农民起义军攻打北京城称为“贼至”。

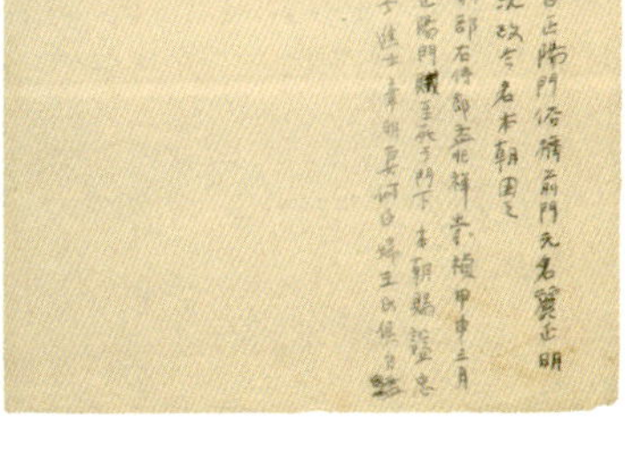
南日正陽門俗稱前門元名麗正明
正統改今名本朝因之
明刑部右侍郎孟兆祥崇禎甲申三月
守正陽門賊至死于門下本朝賜謚忠
靖子進士章明妻何氏婦王氏俱自縊

和平门

创作于

1951 年 4 月 14 日

章可先生考

和平门，民国十五年于正阳门、宣武门之间，复辟一门，日和平门。未几，改为兴华门。十七年仍复和平之名。

整理者注

民国十五年即公元 1926 年。

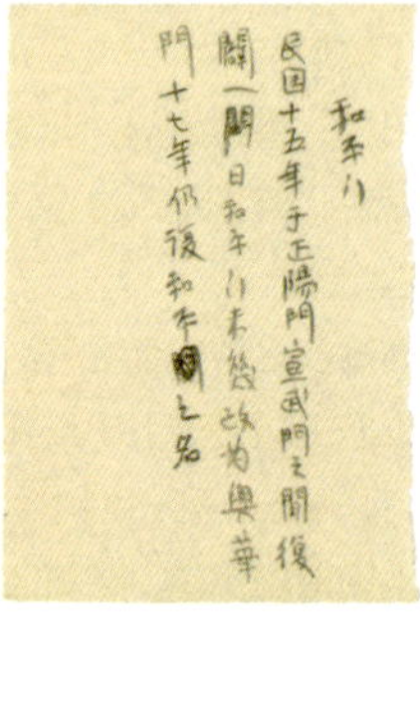

内城城楼及城楼前庙宇

创作于

1953 年 11 月 26 日

内城城门楼及附近建筑

德胜门

创作于

1953 年 9 月 5 日

章可先生考

《昭忠录》：王家彦，字尊五，福建莆田人，协理京营兵部侍郎。崇祯甲申三月，守德胜门，城陷，自投城下不死，折臂及足，其仆扶入民舍自缢死。

《甲申传信录》：甲申寇逼，王公家彦坐安定门叹曰："我总督团营，今日城破，万死难赎，且义不可污贼刃。"遂自缢于城楼，未几，炮发，城楼复压，后出其尸于瓦砾中，其甥杨负而殓之。

《日下旧闻考》云：按王公之死，诸书皆云在德胜门，惟《传信录》作安定门。诸书皆云自投城下，惟《传信录》作自缢城楼，所闻异辞，并存俟考。

整理者注

明崇祯甲申年即公元 1644 年，李自成率农民起义军攻入北京城。

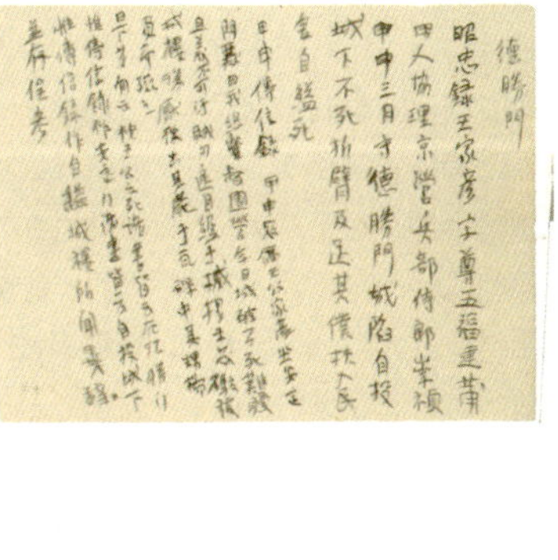

钟楼（一）

创作于

1950年6月29日

章可先生考

《宸垣识略》：钟楼在金台坊东，即万宁寺之中心阁，元至元中建。今之钟楼在鼓楼北，明永乐中建，后毁于火。本朝乾隆十年重建，有御制碑。钟楼之上（制），雄敞高明，与鼓楼相望，有八隅四井之号。盖东西南北街道最为宽广。至元中建，阁四阿，檐三重，悬钟于上，声远愈闻之。考按《析津志》所载中心阁、中心台，旧迹俱无者（考）。今旧鼓楼大街北城墙有中心台之名，盖元时都城偏北，疑其遗址。

整理者注

元至元即1264—1294年，明永乐即1403—1424年，乾隆十年即1745年。

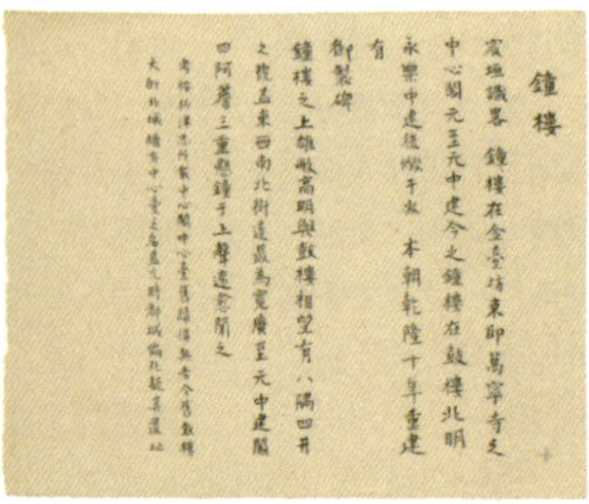
鐘樓
宸垣識畧 鐘樓在金臺坊東即萬寧寺之
中心閣元至元中建今之鐘樓在鼓樓北明
永樂中建後燬于火 本朝乾隆十年重建
有
御製碑
鐘樓之上雄敞高明與鼓樓相望有八隅四井
之號蓋東西南北街道最為寬廣至元中建閣
四阿簷三重懸鐘于上聲遠愈聞之
考按析津志所載中心閣中心臺舊跡俱無考今舊鼓樓
大街北城牆有中心臺之名蓋元時都城偏北疑其遺址

其他建筑

钟楼（二）

鼓楼（一）

创作于

1950 年 7 月 4 日

章可先生考

《宸垣识略》：鼓楼在地安门内（北）金台坊，旧名齐政楼，元建。上置铜刻漏，制极精妙，故老相传以为先宋故物。其制为铜漏壶四：上日天池，次日平水，又次日万分，下日收水。中安铙神，设机械，时至则每刻击铙者八，以壶水漏为度，涸则随时增添，冬则用温水云。按今鼓楼不用铜壶等物，惟以时辰香定更次，其漏壶室犹存，铜刻漏无考。

鼓楼址高一丈二尺，广十六丈七尺有奇，纵减三之一。四面有阶，上建楼五间，重檐，前后券门六，左右券门二，磴道门一，绕以圆廊，周建砖垣，鼓与漏今皆不复存。

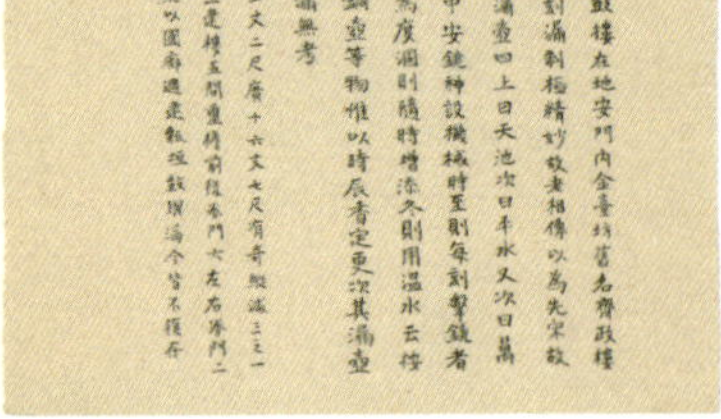

鼓樓

宸垣識略　鼓樓在地安門内金臺坊舊名齊政樓元建上置銅刻漏制極精妙故老相傳以為先宋故物其制為銅漏壺四上曰天池次曰平水又次曰萬分下曰收水中安鐃神設機械時至則每刻擊鐃者八以壺水漏為度涸則隨時增添冬則用溫水云按今鼓樓不用銅壺等物惟以時辰香定更次其漏壺室猶存銅刻漏無考

鼓樓址高一丈二尺廣十六丈七尺有奇縱減三之一四面有階上建樓五間重檐前後券門六左右券門二磴道門一繞以圜廊週建甎垣鼓與漏今皆不復存

鼓楼（二）

NO-024

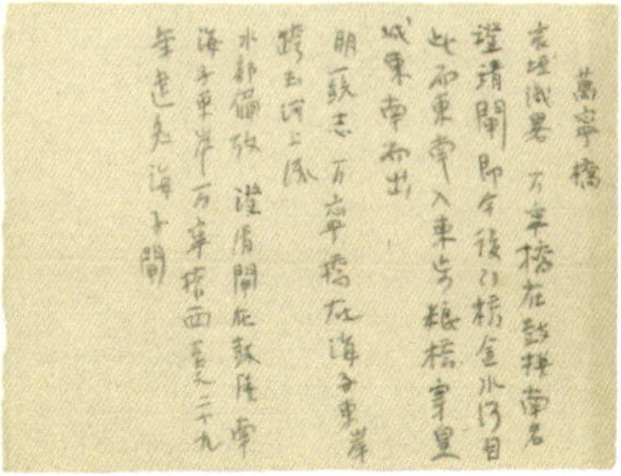
萬寧橋
宸垣識畧 万寧橋在鼓楼南名
澄清閘即今後门橋金水河自
此而東南入東步粮橋穿皇
城東南而出
明一統志 万寧橋在海子東岸
跨玉河上流
水部備攷 澄清閘在鼓楼南
海子東岸万寧橋西至元二十九
年建名海子閘

万宁桥

创作于

1951 年 1 月 30 日

章可先生考

《宸垣识略》：万宁桥在鼓楼南，名澄清闸，即今后门桥，金水河自此而东南入东步粮桥，穿皇城东南而出。

《明一统志》：万宁桥在海子东岸，跨玉河上流。

《水部备考》：澄清闸在鼓楼南，海子东岸，万宁桥西。至元二十九年建，名海子闸。

整理者注

① 元至元二十九年即公元 1292 年。

② 东步粮桥即东不压桥。

NO-024

东不压桥

章可先生考

东不压桥，北面。一九五二年修桥，南面已非原样，一九五五年冬，溪改为阴沟，桥拆去。

西压桥

章可先生考

《顺天府志》：西步粮桥，俗称西压桥，以皇城跨其上也。玉河水由此入西苑，宛平县署在北，迤东有白马关帝庙，隋旧基也。药王庙东濒十刹海，俗称南药王庙，旌忠祠祀将军明瑞等，贤良祠祀怡贤亲王等。

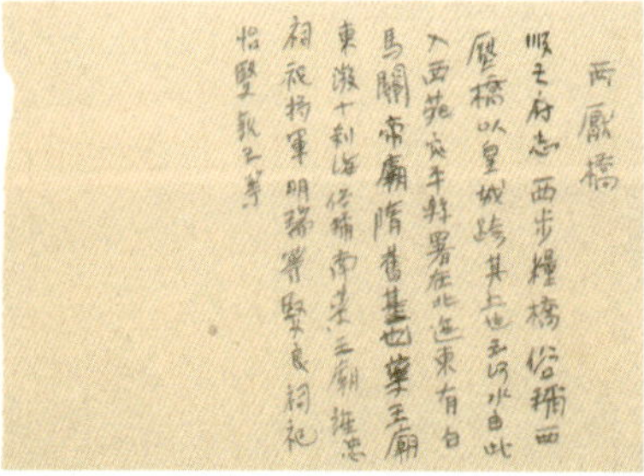

西壓橋

順天府志 西步糧橋俗稱西壓橋以皇城跨其上也玉河水由此入西苑宛平縣署在北迤東有白馬關帝廟隋舊基也藥王廟東瀕十剎海俗稱南藥王廟旌忠祠祀將軍明瑞等賢良祠祀怡賢親王等

石桥

创作于

1953 年 10 月 3 日

章可先生考

石桥，在东不压桥之北，南捌（拐）棒胡同，东达东不压桥胡同。

一九五五年溪变为阴沟，桥拆去。

整理者注

南拐棒胡同应为拐棒胡同。

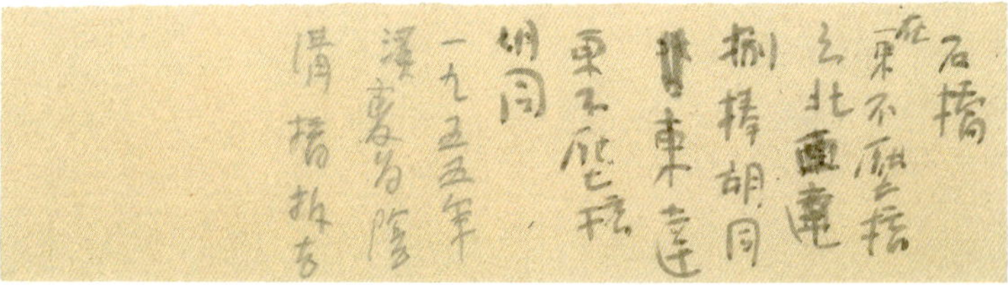
石橋
在東不壓橋
之北南
捌棒胡同
東達
東不壓橋
胡同
一九五五年
溪變為陰
溝
橋拆去

卢沟桥（一）

创作于

1950 年 9 月 12 日

章可先生考

卢沟桥建于金大定二十九年。

整理者注

卢沟桥建于金大定二十九年（1189 年），因跨古卢沟河而得名，为北京现存最古老的一座石造联拱桥。1937 年“七七”事变，中华民族在此打响了抵抗日本帝国主义入侵的第一声枪炮，揭开了历经八年之久的中华民族抗日战争的序幕。卢沟桥桥头的御碑亭刻有清乾隆皇帝所题的汉白玉石碑，上书“卢沟晓月”四字。“卢沟晓月”为燕京八景之一。

卢沟桥（二）

创作于

1950 年 9 月 12 日

水关石螭

创作于
1953 年 8 月 14 日

写真且录《隐秀轩集》如右。

章可先生考

水关在德胜门西里许，水自西山经高梁桥来，穴城趾而入，有关为之限焉。下置石螭，迎水倒喷，旁分左右，既噏复吐，声淙淙然自螭口中出。
一九五三年八月十四日

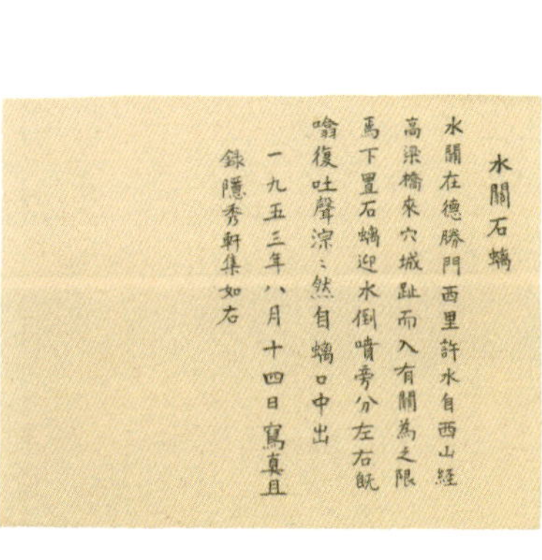

水關石螭
水關在德勝門西里許水自西山經
高梁橋來穴城趾而入有關為之限
焉下置石螭迎水倒噴旁分左右既
噏復吐聲淙淙然自螭口中出
一九五三年八月十四日寫真且
錄隱秀軒集如右

东四牌楼

创作于

1953 年

章可先生考

东四碑（牌）楼，约二十公尺高，一九五四年冬拆除。

东四牌楼，由朝阳大街西望如图。

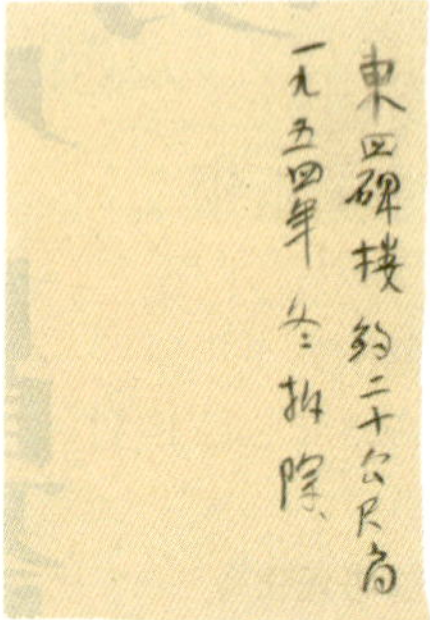
東四碑樓約二十公尺高
一九五四年冬拆除

東四牌樓
由朝陽大街西望如
圖

丰绅济伦墓

创作于
1953 年 9 月 25 日

整理者注

① 丰绅济伦，系清高宗乾隆皇帝女儿和嘉公主与额驸福隆安所生之子，满洲镶黄旗。授镶蓝旗汉军副都统，奉宸苑卿。乾隆四十九年（1784 年）袭爵，为一等忠勇公。累迁兵部尚书，领銮仪卫。嘉庆年间，因犯事受连累而被革职，官终盛京兵部侍郎。嘉庆十二年（1807 年）卒，其子富勒浑翁珠袭爵。

② 丰绅济伦墓在建国门外八王坟附近的松公坟村，这是丰绅济伦的母亲和嘉公主府家族墓地。公主府坟地共有三块，埋葬着公主府家族成员，最后一位一等公（忠勇公）松颐也葬在此地，故而说丰绅济伦墓地当在此处，今已无。

③ 和嘉公主为乾隆皇帝四女，由于她的手指之间有蹼相连，呈佛手状，人称佛手公主，“和嘉公主”反倒没人提起了。

NO-033

金鱼池

创作于

1953 年 11 月 3 日

章可先生考

《明一统志》：鱼藻池在宣武门外西南燕京城内，金时所凿，池阴一带，园亭多于人家，南抵天坛，一望空阔，岁端午日，走马于此。盖金元蹯柳遗意也，蹯柳今名射柳。

《顺天府志》：园亭今无存者，惟种鱼，走马俗尚犹然。

朱筠《金鱼池赋序言》：池广数十亩，分百余池。

《天咫偶闻》：鱼藻池，俗名金鱼池，在天坛之北，金章宗曾幸之。有瑶池殿，久废。

明人《帝京景物略》称：池阴一带园亭甚多。今则居人几家，寥寥数村屋而已。池亦为种苇者所侵，地多于水。国初尚有端午游赏之举，故王横云诗有“花底张云幔，风光露碧汀。一杯同洛禊，曲水即兰亭”之句。王渔洋句有：“记来剧饮暮春天，络马青丝白玉鞭。却依回廊望珠箔，吴歌赵舞为君妍。”今久废。

予十数岁时曾见端午日走马，未见养鱼种苇，今池北南有大街。

整理者注

图中远处圆形建筑为天坛祈年殿。

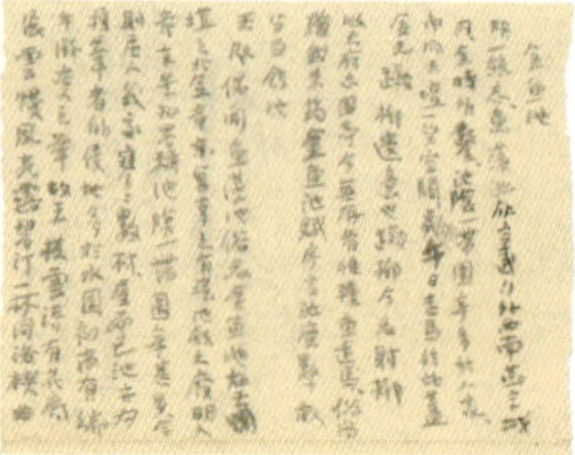

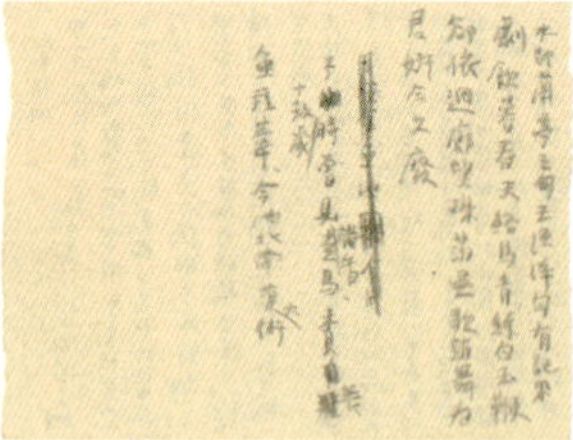

其他建筑

NO-
033

清代健锐营之石碉楼

整理者注

① 图中建筑为清代健锐营之石碉楼，分布在今北京香山一带。

② 清乾隆十二年(1747年)，乾隆皇帝为平定大小金川，下令在北京香山修建了3座和金川相似的碉楼，用于军事训练，选拔两千名身强体壮的士兵组成“健锐云梯营”，又名“飞虎营”，进行攻打碉楼操练。乾隆十四年(1749年)傅恒率部队和“健锐云梯营”前去金川平叛，得胜。为了庆贺胜利，乾隆下旨修建实胜寺，现仅存碑亭，还下旨在香山八旗营房附近修建象征胜利的碉楼。每旗8个，共64个，加上原来的3个，香山地区总计约67个碉楼。

奕绘、顾太清园寝

整理者注

奕绘、顾太清庄园及园寝，位于北京市房山区青龙湖镇上万村，始建于清道光年间。于2021年8月27日经北京市政府审议正式公布为北京市第九批市级文物保护单位。初为清乾隆皇帝第五子永琪之孙奕绘贝勒和侧福晋清代著名女词人顾太清的庄园，奕绘、顾太清死后改为园寝。民国时期部分建筑损毁，现存杨树关、第一桥、宫门、山堂（后改为享殿）、霏云馆、清风阁、墓冢、东坡小石城等遗存。

整理者注：
以下几幅图为章可遗稿中零散的图片，未加整理，为全面呈现遗稿，兹以附录形式置于此篇篇末。

Chang Kö

其他建筑

其他建筑

其他建筑

其他建筑

其他建筑

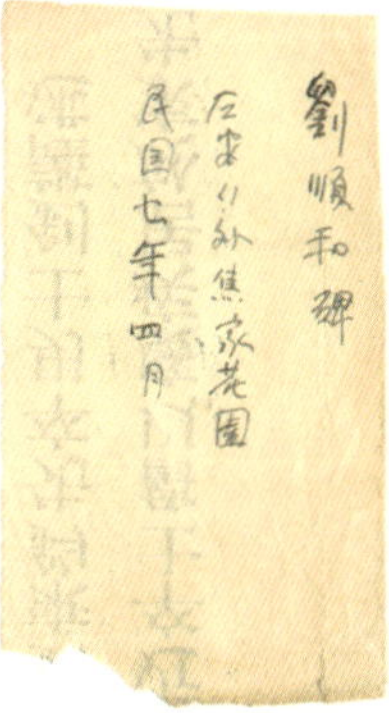
劉順和碑
左安门外焦家花園
民国七年四月

整理后记

2005年，首都博物馆前辈魏三钢带来章可的图片遗作，是章可用绘画和文字两种方式系统记录的二十世纪四十年代末至五十年代中期北京古代建筑遗存的手稿，总计317幅，使我们有幸得以见到并参与编辑整理，在编辑整理过程中得到久居北京老城区、熟谙北京历史地理的史地专家李铁虎老师的鼎力襄助。

二十世纪五十年代初，章可应北京市人民政府文物组的邀请，普查北京地区古代文物建筑遗址，遍访古碑，积累了大量的文物资料，当时北京图书馆曾请他报告古碑分布的情况。

章可遗作总计300余幅，图片创作年代在二十世纪四十年代末至五十年代中期，其中个别作品延至七八十年代，当时创作者用了近十年时间走遍了北京的村镇城乡，大街小巷，对北京的皇城、皇家园林、衙署、庙宇等古代建筑进行了实地写生及考察。章可本身有着深厚的中国传统文化素养，兼有现代美术绘画的基本技能，章可的画是西画的手法，中国画的意境，很有点儿像西方的那种插画和装饰画的感觉，他用绘画和文字两种不同方式系统记录了北京古代文化遗存，随着岁月变迁有些遗迹今已不复存在。

《一个人的北京城》是一部考、绘结合的史书性的美术图卷，内容收录了章可对北京的皇城、皇家园林、衙署、庙宇等古代建筑进行实地考察时绘制的图片，并根据《日下旧闻考》《燕都丛考》《宸垣识略》《天咫偶闻》《顺天府志》《藤荫杂记》等北京地方史料对所绘古代建筑进行考证。

编辑整理者现按图片内容将其分为寺庙建筑、皇家建筑、其他建筑三大类题材：其中寺庙建筑部分记录了当时北京内外城寺庙170余座，这些寺庙在北京地方史料中均有所记载，有些寺庙今已不复存在；皇家建筑包括天坛组图、北海组图、颐和园组图、景山组图、中山公园组图、十三陵组图、太庙组图、中华门组图、午门组图、端门、天安门组图、故宫组图总计90余幅；其他建筑包括会馆、名人故居、城门、钟鼓楼、牌楼、古桥、丰绅济伦墓、碉楼等，总计50余幅。

在整理过程中，我们根据章可作品所记录的时间，梳理出他在此期间的行迹，章可是从1949年11月左右开始他对北京寺庙遗迹的记录工作的，其中1949、1950、1951、1953年为其创作的旺盛时期，尤其是1953年的8、9、10、11四个月，是他创作的高产期，不知道为什么1952年期间他的作品极少，到1953年他对北京寺庙遗迹的记录工作已基本完成，1954年及以后时间里他的创作基本就寥寥无几了。

难能可贵的是章可的作品不仅仅为我们留下了图像的印记，还为我们提供了相关的文字资料，章可不仅拥有极高的美术素养，同时兼具深厚的古文基础，他在用画笔记录的同时，遍览群书，从记载北京古代地方史料的《日下旧闻考》《燕都丛考》《宸垣识略》《天咫偶闻》《顺天府志》《藤荫杂记》等书中对所绘古代建筑进行诠释，二者结合图文并茂，如是者，前所未闻，堪称是独一无二的、宝贵的文化财富和可贵的历史资料。

在整理过程中，我们本着尊重历史，尊重作者原创思想和精神，对图片进行了核对、辨认，对文字进行了校对和必要的释文，个别之处或因年代久远或因记忆有误或因记录未详等诸原因，我们也在“整理者注”中进行了必要的订正，力求最大限度保存作品的原貌，同时对章可作品所涉及的建筑情况，也通过查阅相关信息尽可能地进行了记录，发现章可在上世纪为我们记录下的诸多建筑已经随着城市建设的发展和需要而荡然无存，这就使得章可笔下的这些作品在今天显得弥足珍贵。

翻看这些宝贵的历史资料，一张张承载着古都北京历史信息的画卷，唤起我们对古老北京的印象和记忆，这印象和记忆已经距我们十分遥远，却又如此清晰，让我们恍若置身其中，感谢章可用他手中的笔为我们留下了一个如此丰富多彩的城市画卷。

编辑整理过程中，深忱感谢首都博物馆的李铁虎专家、魏三钢前辈，北京燕山出版社的夏艳社长、刘占凤主任、张金彪编辑，有赖于他们的帮助，《一个人的北京城》一书才能得以问世。

杜翔

于2022年冬